Heike Jung

Kinder lernen
Waldtiere
kennen

**Ein Arbeitsbuch
mit Steckbriefen,
Sachgeschichten, Rätseln,
Spielen und Bildkarten**

Verlag an der Ruhr

Impressum

Titel
Kinder lernen Waldtiere kennen
Ein Arbeitsbuch mit Steckbriefen, Sachgeschichten, Rätseln, Spielen und Bildkarten

Autorin
Heike Jung

Umschlagmotive
Wildschwein: © Bernd Kroeger – stock.adobe.com; Eichhörnchen: © Maksym Gorpenyuk – stock.adobe.com; Fuchs: © Ronnie Howard – stock.adobe.com; Bär: © Stacy Phillips – stock.adobe.com; Ameisen: © Marek Kosmal – stock.adobe.com; Eule: © frédéric renaud – stock.adobe.com; Hintergrund Wald: © edb3_16 – stock.adobe.com

Umschlaggestaltung
Verlag an der Ruhr

Illustrationen
Thomas Hermann (soweit nicht anders angegeben);
Tierspuren Fußzeile: © Verlag an der Ruhr;
Fledermaus S. 62: Magnus Siemens; Wald S. 146: Jens Müller

Druck
Athesia Druck GmbH, Bozen, IT

Verlag an der Ruhr
www.verlagruhr.de
info@verlagruhr.de

Geeignet für die Altersstufen 4–8

Urheberrechtlicher Hinweis
Das Werk und seine Teile sind urheberrechtlich geschützt. Jede Verwendung in anderen als den gesetzlich zugelassenen Fällen oder außerhalb dieser Bedingungen bedarf der vorherigen schriftlichen Einwilligung des Verlages. Im Werk vorhandene Kopiervorlagen dürfen vervielfältigt werden, allerdings nur für Schüler*innen der eigenen Klasse/des eigenen Kurses. Die dazu notwendigen Informationen (Buchtitel, Verlag und Autorin) haben wir für Sie als Service bereits mit eingedruckt. Diese Angaben dürfen weder verändert noch entfernt werden. Die Weitergabe von Kopiervorlagen oder Kopien (auch von Ihnen veränderte) an Kolleg*innen, Eltern oder Schüler*innen anderer Klassen/Kurse ist nicht gestattet.
Der Verlag untersagt ausdrücklich das Herstellen von digitalen Kopien, das digitale Speichern und Zurverfügungstellen dieser Materialien in Netzwerken (das gilt auch für Intranets von Schulen und sonstigen Bildungseinrichtungen), per E-Mail, Internet oder sonstigen elektronischen Medien außerhalb der gesetzlichen Grenzen. Kein Verleih. Keine gewerbliche Nutzung.
Näheres zu unseren Lizenzbedingungen können Sie unter www.verlagruhr.de/lizenzbedingungen/ nachlesen.
Bitte beachten Sie zusätzlich die Informationen unter www.schulbuchkopie.de.
Soweit in diesem Produkt Personen fotografisch abgebildet sind und ihnen von der Redaktion fiktive Namen, Berufe, Dialoge u. Ä. zugeordnet oder diese Personen in bestimmte Kontexte gesetzt werden, dienen diese Zuordnungen und Darstellungen ausschließlich der Veranschaulichung und dem besseren Verständnis des Inhalts.

© 2007 Verlag an der Ruhr GmbH, Wilhelmstr. 20, 45468 Mülheim an der Ruhr
Nachdruck 2024
ISBN 978-3-8346-0244-2

PEFC-zertifiziert
Dieses Produkt stammt aus nachhaltig bewirtschafteten Wäldern und kontrollierten Quellen
PEFC/18-31-166 www.pefc.de

Inhaltsverzeichnis

Vorwort 7

15 Waldtiere

Einführungsgeschichte:
Ricki lernt die Tiere des Waldes kennen 10

Ameise 12
Ausmalvorlage/Steckbrief 12
Sachgeschichte 14
Bilderquiz 16
Textquiz 18
Bewegungsgeschichte 19

Braunbär 20
Ausmalvorlage/Steckbrief 20
Sachgeschichte 22
Bilderquiz 24
Textquiz 26
Bewegungsgeschichte 27

Buntspecht 28
Ausmalvorlage/Steckbrief 28
Sachgeschichte 30
Bilderquiz 32
Textquiz 34
Bewegungsgeschichte 35

Dachs 36
Ausmalvorlage/Steckbrief 36
Sachgeschichte 38
Bilderquiz 40
Textquiz 42
Bewegungsgeschichte 43

Eichhörnchen 44
Ausmalvorlage/Steckbrief 44
Sachgeschichte 46
Bilderquiz 48
Textquiz 50
Bewegungsgeschichte 51

Eule (Uhu) 52
Ausmalvorlage/Steckbrief 52
Sachgeschichte 54
Bilderquiz 56

Textquiz 58
Bewegungsgeschichte 59

Fledermaus 60
Ausmalvorlage/Steckbrief 60
Sachgeschichte 62
Bilderquiz 64
Textquiz 66
Bewegungsgeschichte 67

Fuchs 68
Ausmalvorlage/Steckbrief 68
Sachgeschichte 70
Bilderquiz 72
Textquiz 74
Bewegungsgeschichte 75

Käfer (Wald-Mistkäfer) 76
Ausmalvorlage/Steckbrief 76
Sachgeschichte 78
Bilderquiz 80
Textquiz 82
Bewegungsgeschichte 83

Luchs 84
Ausmalvorlage/Steckbrief 84
Sachgeschichte 86
Bilderquiz 88
Textquiz 90
Bewegungsgeschichte 91

Reh 92
Ausmalvorlage/Steckbrief 92
Sachgeschichte 94
Bilderquiz 96
Textquiz 98
Bewegungsgeschichte 99

Rothirsch 100
Ausmalvorlage/Steckbrief 100
Sachgeschichte 102
Bilderquiz 104
Textquiz 106
Bewegungsgeschichte 107

Inhaltsverzeichnis

Waldmaus **108**
Ausmalvorlage/Steckbrief 108
Sachgeschichte 110
Bilderquiz 112
Textquiz 114
Bewegungsgeschichte 115

Wildschwein **116**
Ausmalvorlage/Steckbrief 116
Sachgeschichte 118
Bilderquiz 120
Textquiz 122
Bewegungsgeschichte 123

Wolf **124**
Ausmalvorlage/Steckbrief 124
Sachgeschichte 126
Bilderquiz 128
Textquiz 130
Bewegungsgeschichte 131

Komm, wir spielen!

Bewegungsspiele 134

1. Die Bären begrüßen die Bäume 134
2. Kleiner Wolf, wie lange schläfst du noch? 134
3. Zauberhafte Käfer 135
4. Mäuschen, komm raus aus deinem Häuschen 136
5. Luchs in Lauerstellung 136
6. Katz und Maus 137
7. Leben wie die Hirsche 137

Versteckspiele 138

1. Das Eichhörnchen sucht seine Nüsse 138
2. Auf den Spuren der Tiere 138
3. Tierstation-Rallye 139
4. Dachse und Füchse graben um die Wette ... 140
5. Die große Wildschweinjagd 140

Sinnesspiele 141

1. Fledermaus auf Beutefang 141
2. Das kranke Wildschwein 142
3. Kitzel den Fuchs! 142

4. Eichhörnchen, wo ist dein Nest 143
5. Achtung, Ameise spritzt Säure! 143
6. Eule, was frisst du heute? 144
7. Reglose Rehe 144

Geschicklichkeitsspiele 145

1. Das Trommeln des Spechtes 145
2. Bären sammeln Beeren 145
3. Tiere, rettet euch! 146
4. Wechselt das Bäumchen 146
5. Futter für die Vogelbabys 147

Tierratespiele 148

1. Welches Tier bin ich? 148
2. Tiere gesucht! 149
3. Zwitschern, piepsen, brummen 150
4. Aus dem Leben der Tiere 150

Waldtier-Massagen

Grundlagen 152

Massagen vorbereiten 152
Massagetechniken 152

Massagen zu zweit 153

1. Tiere hinterlassen ihre Fußspuren 153
2. Der Bär ist erwacht 154
3. Das Eichhörnchen baut seinen Kobel 155
4. Wir beobachten Tiere im Wald 156

Massagen für Dreier- bis Fünfergruppen 157

1. Luchs im Sturm 157
2. Der kranke Käfer 158
3. Dachse graben einen Bau 159
4. Hört ihr das Klopfen des Spechtes? 160

Anhang

Farbige Bildkarten 163
Biografien 167
Danksagung 167
Lösungen 168

Vorwort

Liebe Leser[1],

seit einigen Jahren organisiere ich Walderlebnisausflüge für Kinder. Dabei spürte ich immer wieder ein **großes Interesse der Kinder an der Lebensweise von Waldtieren**. Bald merkte ich, dass die Informationen aus Tiersachbüchern und Naturführern bei den Kindern schnell in Vergessenheit geraten, da sie ausschließlich die kognitive Ebene ansprechen. Daher entwickelte ich ein **ganzheitliches Konzept**, um den Kindern auf spielerische und lebendige Weise die Lebensgewohnheiten von Tieren nahezubringen. Die vielfältigen, manchmal nicht ganz einfachen **Sachinformationen erreichen sie dadurch auf eine anschauliche und kindgerechte Weise**. Spaß und Lernen werden auf eine ideale Weise verbunden.
Dieses Konzept liegt diesem Buch zu Grunde.
Das Buch ist für **alle Kinder im Alter von ca. 4–8 Jahren** geeignet. Sie können es im **Kindergarten**, in der **Grundschule**, in der **Ganztagsbetreuung** oder in **Freizeitgruppen** einsetzen, aber auch in der **Familie**, z.B. bei einem Ausflug in die Natur oder bei einem Kindergeburtstag.

Aufbau des Buches

Zu jedem der insgesamt **15 Waldtiere** finden Sie einen **Steckbrief**, ein **Ausmalbild** und ein **Farbfoto**, eine **Sachgeschichte mit passendem Quiz** (Textquiz und Bilderquiz), eine **Bewegungsgeschichte** und **Spiele**.
Eine Einleitungsgeschichte motiviert die Kinder, mehr über das Verhalten der Tiere zu erfahren.
Die **Massagen** dienen dem entspannenden Ausklang.

→ Bildkarten (S. 163/165)

Die Bildkarten eignen sich gut, um das **Interesse** der Kinder an den Waldtieren zu **wecken**. Sie erzählen dann gerne, was sie schon über das Tier wissen. Wenn Sie die Karten auseinanderschneiden und laminieren, sind sie vor Verschmutzung geschützt. Die Karten können auch als Anregung zur farbigen Gestaltung der Ausmalbilder dienen.

→ Tiersteckbriefe

Die Steckbriefe geben Ihnen einen **schnellen Überblick** über die Lebensgewohnheiten der Tiere. Durch die Gliederung in 14 Stichpunkte ist es auch möglich, gezielt etwas nachzuschlagen. **Ältere Kinder** können eventuell die Steckbriefe schon selber lesen.
Zu jedem Tier finden Sie hier auch eine **Ausmalvorlage**.
Die Angaben folgen zuverlässigen Quellen. Oft unterscheiden sich jedoch in der Fachliteratur aber Angaben, z.B. bezüglich der vorkommenden Arten. Dies kann daran liegen, dass Arten neu entdeckt werden, aussterben, oder dass unterschiedliche Klassifizierungen zu Grunde gelegt werden. Auch das Verhalten der Tiere ist nicht immer und überall gleich. Tiere halten für uns Menschen immer Überraschungen bereit!

→ Sachgeschichten und Quiz

Die Sachgeschichten **erzählen in kindgemäßer Form von wichtigen Verhaltensweisen** der Tiere. Ich habe die Erfahrung gemacht, dass Kinder, die bereits recht gut lesen können, die Texte auch gerne selber lesen – selbst wenn sie relativ lang sind. Mit Hilfe des Quiz können Sie anschließend überprüfen, welche Informationen bei den Kindern „hängengeblieben" sind. Die **Quiz-Seiten beziehen sich immer auf die Sachgeschichte**, nicht auf den Steckbrief.
Kinder, die schon lesen können, können die Textquiz-Seite selber bearbeiten. Kindern, die noch nicht lesen können, sollten Sie die Geschichte vorlesen und anschließend die Quizfragen mündlich stellen. Je **nach Fähigkeit der Kinder können Sie dazu das Text- oder das Bilderquiz wählen**.
Im Bilderquiz werden die möglichen Antworten in einer Zeichnung dargestellt, die Fragen sind etwas einfacher. Daher kann es auch von den jüngeren Kindern gut durch Ankreuzen der richtigen Zeichnung gelöst werden.
Die Fragen im Textquiz können mehrere richtige Lösungen haben, im Bilderquiz ist jeweils nur eine Antwort richtig. Die **Lösungen** finden Sie im hinteren Teil des Buches, auf S. 168.

---

[1] *Der Verlag an der Ruhr legt großen Wert auf eine geschlechtergerechte und inklusive Sprache. Seit 2019 nutzen wir daher das Gendersternchen oder neutrale Formulierungen, um alle Menschen unabhängig von Geschlecht oder Geschlechtsidentität einzuschließen. In Texten für Schüler*innen finden sich aus didaktischen Gründen neutrale Begriffe bzw. Doppelformen. Titel, wie dieser, die erstmalig vor 2019 erschienen sind, enthalten noch das generische Maskulinum.*

Vorwort

→ Bewegungsgeschichten

In den Bewegungsgeschichten dürfen Sie und die Kinder selbst in die Rolle der Tiere schlüpfen. Dabei ist es wichtig, dass Sie **eindrucksvolle Gestik, Mimik und Sprache** einsetzen. Je mehr Sie selbst in die Rolle des Tieres schlüpfen, desto begeisterter werden die Kinder mitmachen und desto mehr behalten sie von dem Gehörten. Achten Sie darauf, den Text so **langsam vorzutragen**, dass die Kinder mit ihren Bewegungen folgen können. Am besten lernen Sie ihn auswendig oder nehmen ihn auf eine Kassette oder CD auf. So können Sie die Bewegungen gut vormachen. Hilfreich ist es auch, die Bewegungsgeschichten mit einem Helfer durchzuführen, der entweder den Text vorträgt oder die Bewegungen vormacht.

→ Spiele

Fast alle Spiele sind so gestaltet, dass Sie sie sowohl mit **2 oder 3 Teilnehmern**, als auch mit **größeren Gruppen** spielen können.
Alle Spiele können im Freien durchgeführt werden, fast alle auch drinnen. Bei den Bewegungsspielen, die naturgemäß etwas Platz erfordern, können Sie auch eine Turnhalle oder einen Gymnastikraum nutzen.
Bei den Spielen gibt es **weder Gewinner noch Verlierer**. Selbsterfahrung und die Freude am gemeinschaftlichen Erleben stehen im Vordergrund.

→ Massagen

Nicht nur Erwachsenen tun Massagen gut. Auch Kinder genießen diesen wohltuenden Körperkontakt. Um die Massagen möglichst kindgerecht zu gestalten, habe ich sie **mit Tiergeschichten verbunden**. Das macht den Kindern Spaß, und sie haben weniger Hemmungen, sich zu berühren. Weitere Erläuterungen zur Durchführung finden Sie direkt im Massageteil.

Wie ich vorgehe

Möchte ich gezielt den Kindern in meiner Waldgruppe die Lebensweise eines bestimmten Tieres nahebringen, **wähle ich am Ende der vorausgehenden Stunde mit ihnen gemeinsam ein Tier** (z.B. das Eichhörnchen) aus. Beim nächsten Treffen zeige ich ihnen die Eichhörnchen-Bildkarte und wir sprechen über **ihre Erfahrungen** mit dem Tier. Nach dem **Vorlesen der Sachgeschichte** lösen die Kinder je nach Alter mündlich oder schriftlich die **Quizfragen** zum Eichhörnchen. Wer möchte, kann dann eine **Bildervorlage** ausmalen. Nach einem **Waldspaziergang** und einer Essenspause spielen wir die **Spiele** „Das Eichhörnchen sucht seine Nüsse" und „Eichhörnchen wo ist dein Nest?"
Zur Entspannung gibt es noch die **Massage** „Das Eichhörnchen baut seinen Kobel". Mit der **Eichhörnchen-Bewegungsgeschichte** findet der Ausflug seinen Ausklang.

Die Inhalte des Buches können Sie aber auch **flexibel und unabhängig** voneinander einsetzen. Nicht in jeder Stunde lege ich den Schwerpunkt auf das gezielte Lernen von Tierverhaltensweisen. Gelegentlich stehen auch andere Aktivitäten im Vordergrund, wie z.B. Basteln mit Naturmaterialien oder ein „Höhlenbau". Zur Einstimmung bzw. zum Ausklang der Stunde wähle ich dann ein Spiel, eine Bewegungsgeschichte oder eine Massage aus. Auch müssen Sie das Quiz nicht direkt im Anschluss an die Geschichte einsetzen. Wenn eine etwas längere Zeit zwischen den Informationen und dem Quiz liegt, können Sie gut feststellen, welche Inhalte sich die Kinder besonders gut merken konnten.
Um mit diesem Buch zu arbeiten, ist es grundsätzlich **nicht erforderlich, sich zusätzlich Tiersachbücher oder Naturführer anzuschaffen**. Wenn Sie dennoch anderes Bildmaterial einsetzen möchten oder weiterführende Informationen suchen, finden Sie in der Literaturliste (S. 169) einige Anregungen. Auch öffentliche Leihbüchereien bieten häufig schöne Tiersachbücher an.

Falls Sie mit den Kindern die Tiere selbst beobachten möchten, lohnt es sich, nach Wildparks in der Nähe Ausschau zu halten.
(Tipps s. S. 169).

Viel Spaß und eine „tierisch" gute Zeit wünscht Ihnen

Heike Jung

15 Waldtiere

→ Steckbriefe

→ Sachgeschichten

→ Quiz-Seiten

→ Bewegungsgeschichten

Kinder lernen Waldtiere kennen

Ricki lernt die Tiere des Waldes kennen

Einführungsgeschichte

Ricki, das kleine Rehkitz, liegt im hohen Gras am Waldesrand. Es ist Nacht, und der Mond scheint hell. Unruhig wälzt sich Ricki von einer zur anderen Seite. Sie kann einfach nicht einschlafen. „Ich könnte einen Spaziergang machen und mir ein bisschen die Gegend ansehen", überlegt sich Ricki, „schließlich bin ich schon zwei Wochen alt. Ich habe einfach keine Lust mehr, immer nur mucksmäuschenstill neben meinem Bruder zu liegen." Leise stellt sich Ricki auf ihre vier Beine und schleicht sich vorsichtig an ihrer Mutter und ihrem Bruder vorbei.

Schritt für Schritt läuft Ricki durch das Gras zum Waldesrand. Nach kurzem Zögern wagt sich das kleine Rehkitz ein Stückchen in den Wald hinein. Ganz still ist es dort, Ricki hört nur ihre eigenen Schritte.

„Huu-huhuhu-huu", erschallt es auf einmal über ihr. Erschrocken blickt Ricki nach oben, kann aber niemanden entdecken. „Gibt es wohl noch andere Tiere hier?", denkt Ricki erstaunt und hört plötzlich eine krächzende Stimme: „Hallo, kleines Reh, siehst du mich denn nicht?" „Nein, wo bist du?", fragt Ricki. Auf einmal landet ein kleines gefiedertes Wesen direkt vor ihren Füßen: „Guten Abend, ich bin Oskar, der Waldkauz, ich habe dich schon von Weitem gehört", stellt sich das fliegende Tier vor. „Was bist du denn für ein seltsames Tier?", fragt Ricki ganz erstaunt. „Ich bin eine Eule", antwortet Oskar, „hast du denn noch nie eine Eule gesehen?" „Außer meiner Mutter und meinem Bruder habe ich noch nie ein anderes Tier gesehen", erklärt Ricki dem Waldkauz, „gibt es denn noch andere Tiere im Wald?" Oskar schüttelt sich vor Lachen: „Hii-hihihi-hii, aber natürlich. Hast du Lust, einige Tiere zu besuchen?" „Sehr gerne", ruft das Rehkitz fröhlich.

Oskar fliegt ein Stückchen voraus: „Ricki, komm zu mir, hier wohnen die Waldmäuse." Ricki schaut nach oben, kann aber nichts erkennen. Oskar muss wieder lachen: „Hii-hihihi-hii, die Waldmäuse wohnen doch nicht auf den Bäumen, sondern unter der Erde." Ricki senkt den Blick und entdeckt ein kleines Loch. „In diesem Loch wohnen Tiere?", fragt das Rehkitz ungläubig und steckt seine Nase in die Öffnung. „Könntest du bitte meinen Eingang freimachen?", piepst plötzlich eine Stimme. Schnell zieht Ricki ihre Nase aus dem Loch. Ein sehr kleines Tierchen krabbelt aus der Höhle. „Das ist Michel, die Waldmaus", stellt der Waldkauz vor.

„Schau mal, Oskar", schreit Ricki plötzlich ganz aufgeregt, „da ist noch eine Maus, eine ganz große mit schwarz-weiß gestreiftem Kopf." Diesmal verkneift sich der Waldkauz das Lachen und erklärt geduldig: „Liebes Reh, das ist keine Maus, sondern ein Dachs. Er lebt in einem Bau unter der Erde, direkt neben den Mäusen." Ricki ist wirklich erstaunt, wie viele verschiedene Tiere es im Wald gibt.

Gerade will sie dem Dachs ihren Huf zur Begrüßung reichen, als plötzlich etwas Hartes auf ihrer Nase landet. „Aua, was war das?", ruft Ricki erschrocken und reibt sich die Nase. „Eine Nuss", hören sie auf einmal eine Stimme von oben, „könnt ihr nicht eure Party woanders feiern? Ich würde nämlich gerne schlafen." „Komm doch ein wenig zu uns hinunter, liebe Eule", ruft Ricki nach oben. „Danke, gerne", antwortet die Stimme, „aber nur, wenn du mich nicht mehr Eule nennst." Ratlos blickt Ricki zum Baum hinauf und murmelt: „Ich dachte, dass Tiere, die oben auf dem Baum wohnen, Eulen heißen." Plötzlich flitzt

Ricki lernt die Tiere des Waldes kennen

Einführungsgeschichte

das Tier den Baumstamm hinunter. Es hat ein rötliches Fell und einen buschigen Schwanz. „Das ist Elmar, das Eichhörnchen", erklärt Oskar dem verblüfften Reh.

Plötzlich hat Ricki eine Idee: „Wollt ihr nicht alle zu mir kommen? Ich möchte euch meiner Mutter und meinem Bruder vorstellen." „Das ist ein guter Vorschlag!", brummt der Dachs. Auch Oskar, Michel und Elmar haben Lust. Gut gelaunt krabbeln, fliegen und springen die Tiere durch den Wald. Auf einmal huscht etwas über ihren Köpfen durch die Luft. „Was war das?", fragt Ricki und duckt sich auf den Waldboden. „Nur eine Fledermaus, die tut dir nichts", erklärt Elmar dem Reh. Erleichtert richtet sich Ricki wieder auf.

„Hört mal alle her, ich habe ein Rätsel für euch", krächzt Oskar, „ich kenne ein Tier, das ganz viele Kinder bekommt." Alle Tiere überlegen, welches Tier Oskar meinen könnte, jedoch niemand hat eine Idee. „Ich meine die Ameisenkönigin", ruft der Waldkauz lachend.

Langsam wird es hell. Auf einmal hören die Tiere ein lautes Klopfen: „Tock – tock – tock – tocktocktocktock" schallt es durch den Wald. „Welches Tier ist das?", fragt Ricki neugierig. Doch diesmal sind auch die anderen Tiere ratlos. „Tocktocktocktock", ertönt es erneut. Gespannt folgen sie dem Geräusch. „Hier ist das Tier", ruft das Eichhörnchen aufgeregt. Die Tiere sehen einen Vogel mit schwarzen, weißen und roten Federn. Unaufhörlich klopft er mit seinem langen Schnabel gegen einen hohlen Baumstamm. Oskar spricht ihn an: „Hallo, du seltsamer Vogel, bist du auch eine Eule?" Der Vogel hört mit dem Trommeln auf und blickt erstaunt in die Tiergesichter: „Ich bin ein Buntspecht und baue mir gerade eine Schlafhöhle", erklärt er. „Hast du nicht Lust, mit uns zu kommen?", fragt Ricki. „Vielen Dank für die Einladung, ich muss aber meine Höhle weiterbauen", bedauert der Specht.

Die Tiere verabschieden sich und ziehen weiter. Ricki hat es plötzlich eilig: „Wir müssen uns beeilen, meine Mutter wacht bald auf." Damit sie schneller vorankommen, setzt sich Michel auf Rickis Rücken. Bald sind sie am Waldrand. „Da bist du ja endlich", ruft Rickis Mutter schon von Weitem, „ich habe mir schon Sorgen gemacht." Mit großen Sprüngen hüpft sie zu Ricki und schleckt ihr liebevoll das Gesicht. Erst jetzt entdeckt sie die anderen Tiere. „Das sind meine neuen Freunde", erklärt Ricki stolz ihrer Mutter.

„Wir haben auf Ricki gut aufgepasst", krächzt Oskar und alle anderen Tiere nicken eifrig. Mama Reh ist gerührt: „Danke, ihr lieben Tiere, kommt doch zu uns auf die Wiese, dort könnt ihr Rickis Bruder besuchen und zusammen spielen." Den ganzen Tag verbringen die Tiere auf der Wiese. Sie spielen Verstecken und Fangen und haben viel Spaß dabei. Abends verabschieden sie sich von der Rehfamilie. Ricki möchte sobald wie möglich wieder in den Wald gehen, um dann all die anderen Tiere auch noch kennenzulernen.

Habt ihr auch Lust, die vielen Tiere des Waldes kennenzulernen? Hier könnt ihr ganz viel über ihr Leben erfahren. Viel Spaß beim Spielen, Raten und Staunen.

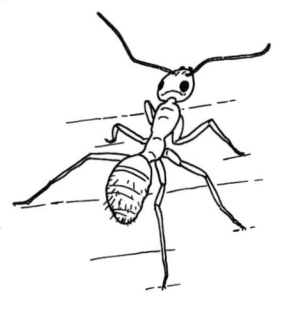

Ameise

Ausmalvorlage/Steckbrief

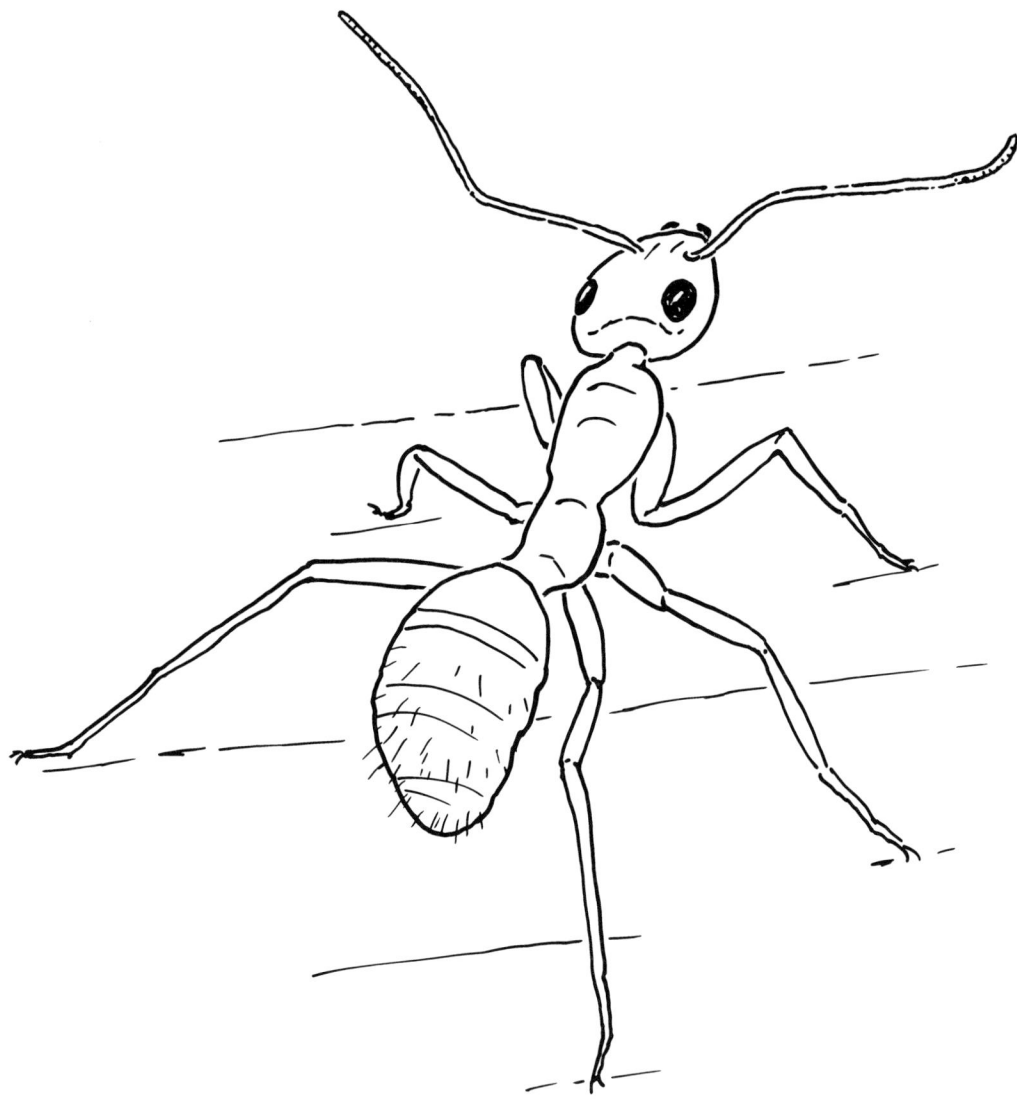

Tiergruppe	Insekt
Systematik	Auf der Welt gibt es insgesamt über 11 000 bisher beschriebene Ameisenarten, davon 161 in Mitteleuropa.
Verbreitung	alle Lebensräume, außer dem Meer und der Antarktis
Aussehen/Merkmale	Wie alle Insekten haben auch die Ameisen einen dreigeteilten Körper: 1. Kopf mit Augen, einem Paar Fühlern und kräftigen Mundwerkzeugen; 2. Brust mit drei Beinpaaren; 3. Hinterleib.
Lebenserwartung	**Königin:** bis zu 25 Jahre; **Arbeiterin:** etwa 3 Jahre; **Männchen:** 3–4 Monate, stirbt kurze Zeit nach dem Hochzeitsflug
Lebensraum	Bei einheimischen Ameisenarten gibt es drei verschiedene Nestformen: **Erdnester**, also Gänge unter der Erde; **Hügelnester**, aufgebaut wie Erdnester, jedoch mit einer Kuppel aus Pflanzenteilen; oder **Holznester**, Gänge in lebenden oder toten Bäumen.

Ameise

Steckbrief

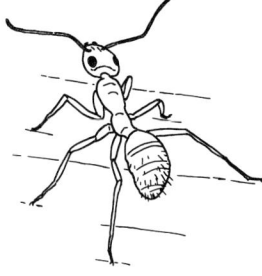

Nahrung	Schmetterlingsraupen, Heuschrecken, Wespen, Käfer, Spinnen, Würmer, Honigtau der Blattläuse, Früchte, Samen
Fressfeinde	Eidechsen, Dachse, Wildschweine, Vögel (vor allem Spechte), Spinnen
Verteidigung	Die meisten Ameisen beißen und spritzen Ameisensäure.
Sinnesorgane	Mit ihren Fühlern kann die Ameise Wind, Hitze, Kälte und Gerüche wahrnehmen. Sie hat Facettenaugen, die sich aus vielen Einzelaugen zusammensetzen. Damit kann sie hell und dunkel unterscheiden, sonst aber nichts Genaues erkennen.
Aktivitätszeit	Die Aktivität der Ameisen hängt hauptsächlich von der Temperatur ab. Je wärmer es ist, desto mehr bewegen sie sich.
Arbeitsorganisation	In Ameisenstaaten gibt es eine strenge Arbeitsteilung. Jede Ameise hat eine bestimmte Aufgabe.

- Die **Königin** darf als einzige Ameise im Volk Eier legen.
- **Pflegerinnen** kümmern sich um die Königin und den Nachwuchs. Sie transportieren Eier, Larven und Puppen, füttern und pflegen sie.
- **Nestbauerinnen** sorgen dafür, dass zerstörte Nestteile repariert werden. Sie bauen auch das Nest weiter.
- **Wachameisen** bewachen die Eingänge des Nestes; alle heimkehrenden Ameisen werden auf ihren Geruch geprüft.
- **Sammlerinnen** beschaffen außerhalb des Nestes neues Baumaterial oder Nahrung.

Überwinterung	Ameisen halten tief unter der Erde eine Winterruhe. Sie verlassen während dieser Zeit den Ameisenhaufen nicht.
Nachwuchs	Beim Hochzeitsflug lässt sich die Jungkönigin von mehreren Männchen befruchten. Danach gründet sie entweder einen neuen Staat, oder sie kehrt in ihr altes Nest zurück, oder sie dringt ins Nest einer anderen Art ein und versucht dabei, die andere Königin zu töten. Die Königin kann einige Hundert Eier täglich legen. Die Eier werden sofort von den Brutpflegerinnen zu den Brutkammern transportiert und ständig feucht gehalten. Nachdem sich die ausgeschlüpften Larven mehrmals gehäutet haben, verpuppen sie sich. Hierfür spinnen sie sich in eine trockene Hülle, den Kokon, ein. Sobald im Kokon die Ameise zu schlüpfen beginnt, hilft ihr eine Brutpflegerin, aus dem Kokon zu kommen. Anschließend füttert und reinigt sie die Jungameisen noch einige Tage lang.

Kinder lernen Waldtiere kennen

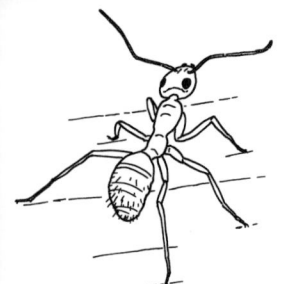

Ameise

Sachgeschichte

Oh, was zwickt mich denn da? „Ich war es, der Weckdienst. Wach endlich auf! Es ist Frühling, und es gibt viel zu tun. Die anderen Ameisen sind schon alle bei der Arbeit", ertönt eine helle Stimme an meinem Ohr. Ich lockere meine Beine und Fühler. Sie sind von der langen Winterruhe ganz steif geworden.

Langsam erinnere ich mich: Ich bin eine von vielen Tausend Arbeiterinnen in unserem Ameisenhaufen. Ich bin aus dem Ei unserer Ameisenkönigin geschlüpft. Die Königin ist die größte Ameise im Nest und die Mutter all der Ameisen, mit denen sie zusammenlebt. Ihre einzige Aufgabe ist das Eierlegen. Als ich aus dem Ei schlüpfte, war ich zuerst eine kleine, weiße Larve. Ich fraß viel und wechselte mehrmals meine Haut. Irgendwann verwandelte ich mich in eine erwachsene Ameise.

Eigentlich wäre ich auch gerne Königin geworden, aber da kann man nichts ändern. Ich bin, was ich bin – eine Arbeiterin. Mit vielen anderen Arbeiterinnen zusammen sorge ich dafür, dass es unserem Volk gut geht.

Wir Arbeiterinnen schaffen Nahrung herbei, vergrößern und verkleinern Nesteingänge, halten den Ameisenhaufen sauber, kümmern sich um die Larven oder verteidigen den Ameisenhaufen gegen Feinde.

„Träum nicht!", ermahnt mich meine Ameisenfreundin. „Die Sonne scheint, und ich habe heute schon viel geschafft. Wir vergrößern gerade die Nesteingänge, damit mehr Wärme hereinkommt." Besorgt frage ich meine Freundin: „Hat ein Wildschwein im Winter den Ameisenhaufen zerstört?" „Nein, aber ein Dachs hat in den Ameisengängen herumgeschnüffelt und einige Gänge zerstört", antwortet mir meine Freundin etwas ungeduldig. Ich recke und strecke mich noch einmal und marschiere mit ihr zu den anderen. „Wir haben Hunger!", rufen mir einige arbeitende Ameisen zu. „Kannst du nicht Honigtau bei den Blattläusen besorgen?" „Mache ich", erwidere ich fröhlich. Blattläuse melken ist nämlich meine Lieblingsarbeit.

Mit einigen anderen Ameisen krabble ich einen Blütenstängel hoch. Mit meinen Vorderbeinen streiche ich einer Blattlaus

Ameise

Sachgeschichte

über den Rücken. Sofort kommt ein Tropfen Honigtau aus ihrem Hinterleib. Ich glaube, ich sehe nicht richtig: Ein Marienkäfer hat gerade eine Blattlaus gefressen. Drohend gehe ich auf ihn zu. Er erschrickt und verschwindet schnell. „Komm ja nicht wieder!", schreie ich ihm hinterher. „Einfach unsere Blattläuse fressen, so eine Unverschämtheit!" Nachdem wir viele Blattläuse so „gemolken" haben, krabbeln wir zurück zum Ameisenhaufen. Ich öffne meinen Mund und spucke den hungrigen Ameisen den Honigtau in ihren Mund.

Gerade will ich zu den Blattläusen zurückkehren, als ich über etwas stolpere. „Kannst du nicht aufpassen, du tollpatschige Ameise? Du versperrst hier einfach den Weg", meckert mich eine Ameise an, „mach Platz, wir kommen gerade von der Insektenjagd und haben einen Käfer und eine Raupe mitgebracht. Hilf mit, oder verschwinde." „Wenn ihr so unfreundlich seid, helfe ich euch bestimmt nicht!", rufe ich beleidigt und wandere wieder zu den Blattläusen.

Mit Schaudern erinnere ich mich an das letzte Jahr. Gerade als ich vor den Eingängen Wache stehen musste, erschien plötzlich eine Eidechse. Sofort sandte ich einen Alarmduft aus, um Verstärkung zu erhalten. Hunderte Ameisen erschienen, um mir zu helfen. Wir bissen die Eidechse und spritzten Säure in sie hinein. Es dauerte nicht lange, und sie ergriff die Flucht. Der Ameisenhaufen war gerettet. Leider hatte die Eidechse einige von den Ameisen aus unserem Bau verschluckt. Ein Glück, dass ich inzwischen bei der Blattlausmelktruppe eingesetzt bin und nicht als Wachsoldat vor dem Ameisenhaufen!

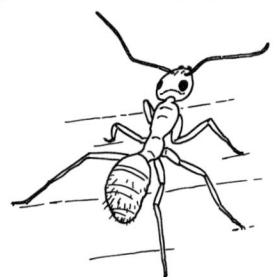

Ameise
Bilderquiz

1. Was ist die einzige Aufgabe der Königin?

a) ☐ Eier legen

b) ☐ den Ameisenhaufen bauen

2. Welches Tier kann den Ameisenhaufen zerstören?

a) ☐ ein Dachs

b) ☐ ein Schmetterling

Ameise

Bilderquiz

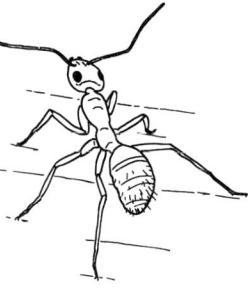

3. Was macht die Ameise mit einer Blattlaus?

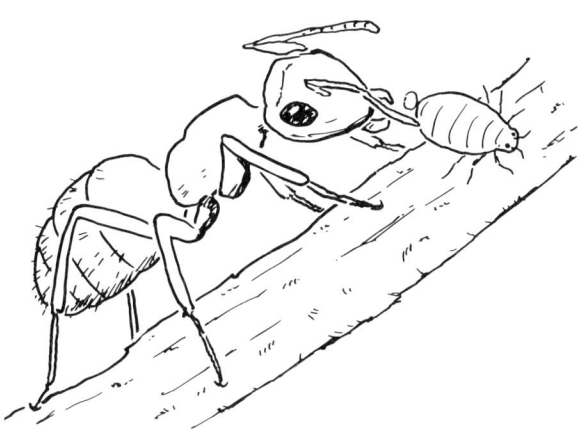

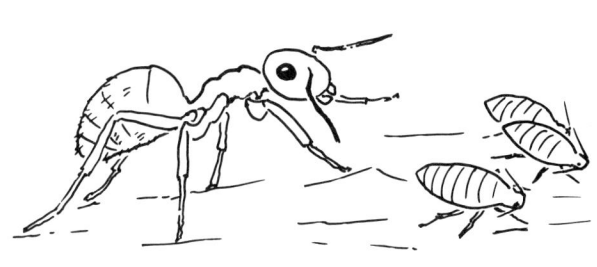

a) ☐ Sie melkt die Blattlaus.

b) ☐ Sie jagt die Blattlaus davon.

4. Wie wehren sich die Ameisen gegen die Eidechse?

a) ☐ Die Ameisen haben Angst vor der Eidechse und rennen davon.

b) ☐ Die Ameisen beißen die Eidechse und spritzen Säure in sie hinein.

Kinder lernen Waldtiere kennen

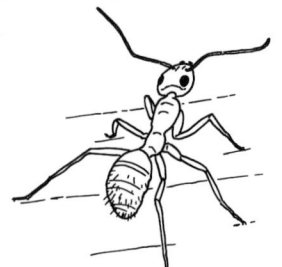

Ameise

Textquiz

1. Wie heißt das Nest der Ameisen?

a) ☐ Ameisenhütte b) ☐ Ameisenhaufen c) ☐ Ameisenhaus

2. Welche Aufgabe hat die Königin?

a) ☐ Nahrung suchen b) ☐ Ameisenhaufen bewachen c) ☐ Eier legen

3. Was schlüpft aus dem Ei?

a) ☐ eine kleine Ameise b) ☐ eine weiße Larve c) ☐ eine Königin

4. Was machen die Arbeiterinnen?

a) ☐ Nesteingänge vergrößern und verkleinern b) ☐ den Ameisenhaufen sauber halten c) ☐ die Feinde nett begrüßen

5. Welches Tier könnte einen Ameisenhaufen zerstören?

a) ☐ ein Wildschwein b) ☐ ein Dachs c) ☐ ein Regenwurm

6. Was bedeutet „eine Blattlaus melken"?

a) ☐ Die Ameise streicht einer Blattlaus über den Rücken, bis ein Tropfen Honigtau aus ihrem Körper kommt. b) ☐ Die Ameise steigt auf den Rücken der Blattlaus und reitet zum Ameisenhaufen. c) ☐ Ein Marienkäfer saugt eine Blattlaus aus.

7. Welche Tiere werden von den Ameisen gejagt?

a) ☐ Maulwürfe b) ☐ Raupen c) ☐ Käfer

Kinder lernen Waldtiere kennen

Ameise

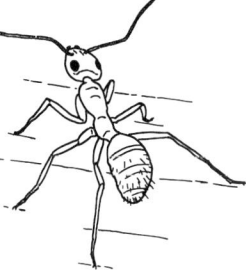

Bewegungsgeschichte

Text	Bewegungsvorschläge
Wir stellen uns vor, wir sind Arbeiterinnen in einem Ameisenhaufen. Wir laufen durch die Gänge. Es ist sehr eng, aber wir berühren uns nicht. Jetzt wollen wir auf Blattlaussuche gehen und verlassen den Ameisenhaufen.	*möglichst eng durcheinanderlaufen, niemanden berühren – gegen den Uhrzeigersinn Kreisform einnehmen und hintereinanderlaufen*
Wir krabbeln einen Blütenstängel hoch. „Kann jemand die Blattläuse schon sehen?" Tatsächlich! Hier sitzen sie. Wir saugen aus ihrem Körper ein paar Tropfen Zuckersaft. Mmh!	*anhalten, in Kreismitte schauen und mit Händen Kletterbewegung nach oben – mit dem Mund Saugbewegung – dann Hand auf den Bauch legen*
Wir laufen zurück zum Ameisenhaufen: „Hallo Ameisen, wir haben euch etwas mitgebracht! Leckeren Blattlaussaft!" Wir spucken den Saft in den Mund unserer Schwestern.	*im Uhrzeigersinn im Kreis laufen – bei „Hallo" winken und anhalten – Spuckbewegung nach allen Richtungen (ohne Spucke)*
Jetzt wollen wir richtig auf Jagd gehen. Na, ihr süßen, kleinen Raupen, wo seid ihr denn? Hier sind sie. Wir beißen die Raupen und spritzen Säure in ihren Körper. Dann bringen wir sie zum Ameisenhaufen: Hau-ruck-hau-ruck! Dort angekommen, fressen wir die Raupen gleich auf.	*zu dritt händchenhaltend laufen – anhalten – ein Kind legt sich als Raupe auf den Boden, die anderen beugen sich darüber (nicht wehtun!) – „Raupe" ein Stück ziehen – über sie beugen, kauen*
Es ist Herbst. Wir krabbeln langsamer durch die Gänge. Wegen der Kälte halten wir eine Winterruhe: Einen Monat, zwei Monate, drei Monate. Wir spüren, dass es wärmer wird. Die Sonne scheint. Wir erwachen und marschieren wieder durch unsere Gänge. Wie schön, dass es wieder Frühling ist!	*Dreiergruppe auflösen und wie am Anfang eng durcheinanderlaufen – in die Hocke und still sein – Kreisbewegung mit Armen – sich aufrichten und wieder zügig durcheinanderlaufen – Arme hochwerfen*

Tipp: *Es ist sinnvoll, vorher die Dreiergruppen einzuteilen und auch festzulegen, wer zuerst die Raupe spielen darf. Sie können aber auch die Kinder nur in Ameisen und Raupen einteilen. Die Ameisen haben dann bei der Beutejagd freie Auswahl.*

Kinder lernen Waldtiere kennen

Braunbär

Ausmalvorlage/Steckbrief

Tiergruppe	Säugetier
Systematik	Bären gehören zur Ordnung der Raubtiere. Man unterscheidet Groß- und Kleinbären. Zu den **Kleinbären** gehören der Waschbär, der Nasenbär und der kleine Panda, zu den **Großbären** gehören der Braun-, Schwarz-, Kragen-, Eis-, Lippen-, Malaien-, und Brillenbär und der große Panda. Die bekannteste und am weitesten verbreitete Art der Großbären ist der Braunbär.
Verbreitung	Früher war der Braunbär über ganz Europa verbreitet. Doch seit dem Mittelalter wurde er stark bejagt und im deutschsprachigen Raum im 19. Jahrhundert ausgerottet. In Österreich leben 25 – 30 Bären. Sie sind aus Italien und Slowenien eingewandert oder wurden zur Wiederansiedlung ausgesetzt.
Aussehen/Merkmale	stämmiger, kraftvoller Körperbau, massiver Kopf mit vorstehender Schnauze, kurzes Schwänzchen, Höcker am Nacken, große Tatzen mit nicht einziehbaren Krallen, vergrößerte Eckzähne, üblicherweise dunkelbraunes Fell (kann je nach Art variieren)
Lebenserwartung	Höchstalter in freier Natur: etwa 20 – 30 Jahre; in Gefangenschaft bis 50 Jahre

Braunbär

— Steckbrief

Lebensraum	Die Bären Europas leben hauptsächlich in Gebirgsregionen, die von Wald bedeckt sind.
Nahrung	Braunbären ernähren sich vor allem von pflanzlicher Kost. Sie verspeisen Beeren, Honig, Nüsse, Eicheln, Bucheckern, Gras, Wurzeln, Kräuter, Blätter und Knospen. Gelegentlich fressen sie auch Aas oder frisches Fleisch, wie z.B. Ameisen und deren Larven, Fische, Vögel, Mäuse und andere Nagetiere.
Fressfeinde	Große Braunbären haben kaum Feinde. Jungtiere können aber von Raubtieren, wie Wölfen und Luchsen, erlegt werden.
Verteidigung	Bei Kämpfen zwischen Bären werden Prankenhiebe auf Brust und Schulter oder Bisse in Kopf und Nacken verteilt.
Sinnesorgane	Bären können Gerüche über viele Kilometer Entfernung wahrnehmen. Sie hören gut, sind aber etwas kurzsichtig.
Aktivitätszeit	Braunbären sind meist in der Dämmerung oder in der Nacht aktiv, weil sie nicht gerne von Menschen gestört werden. Wenn sie im Frühjahr und Herbst viel Nahrung benötigen, auch tagsüber.
Revierverhalten	Braunbären grenzen ihr Revier nicht stark gegen andere Tiere ab. So können sich in einem Gebiet auch einmal mehrere Bären treffen. Allerdings mögen Bärenmännchen keine anderen männlichen Konkurrenten in ihrem Revier. Dann können auch Kämpfe stattfinden.
Überwinterung	Die Winterruhe verbringen Braunbären in einem meist selbstgegrabenen Bau oder in einer Höhle.
Nachwuchs	Im Frühjahr oder Sommer machen Weibchen, die zur Paarung bereit sind, durch Kot- und Urindüfte auf sich aufmerksam. Nach der Paarung bleiben beide Bären noch eine Weile zusammen, dann trennen sich ihre Wege. Im Herbst frisst sich die Bärin ein Fettpolster an. Sobald es schneit, sucht oder gräbt sie sich eine Höhle für ihre Winterruhe. Im Januar oder Februar werden dort 1–4 winzige Bärenjunge geboren. Sie werden mit sehr gehaltvoller Bärenmilch gesäugt. Nach 2–3 Monaten verlassen sie das erste Mal die Höhle. Die jungen Bären bleiben immer bei ihrer Mutter, sie zeigt ihnen die guten Nahrungsplätze und Schlafstellen. Während der gesamten Aufzuchtzeit verteidigt die Bärin sehr aggressiv ihre Jungen. Etwa 2–3 Jahre lang bleiben die Mutter und ihre Jungen zusammen. Dann kommt es immer häufiger zu Streitigkeiten. Es ist an der Zeit, sich zu trennen. Geschwister bleiben oft noch viele Monate zusammen.

Kinder lernen Waldtiere kennen

Braunbär

Sachgeschichte

Der Winter ist da, und es fängt an, zu schneien. Mein Bruder und ich wollen gerade mit den Schneeflocken spielen, als unsere Mutter uns ungeduldig mit ihrer Schnauze vor sich herschiebt. Ich verliere das Gleichgewicht und purzele einen kleinen Berghang hinunter. „He, Mama, schubse mich nicht so", rufe ich beleidigt. Doch meine Mutter hört mir gar nicht zu. „Warum steckst du deine Nase ständig unter die Wurzeln umgestürzter Bäume?", will mein Bruder wissen. Endlich antwortet Mama: „Wir haben nicht mehr viel Zeit; wir müssen für unsere Winterruhe eine geeignete Höhle finden."

Aufgeregt schreit plötzlich mein Bruder: „Seht nur, hier direkt unter dem Felsbrocken ist ein großes Loch, dahinter ist sicher eine Höhle." „Prima!", lobt Mama ihn und zwängt sich hinein. Doch sie bleibt stecken: „Hau-ruck! Hau-ruck!" Wir schieben Mama von hinten an. Sie ist ganz schön fett geworden. Den ganzen Herbst hat sie sehr viel gefressen. Auch wir Bärenkinder haben uns ein Fettpolster angefressen. Das ist für uns Bären sehr wichtig, weil wir den ganzen Winter in der Höhle verbringen.

Während dieser Zeit essen wir nichts. Plumps! Mama ist in der Höhle gelandet. Darin ist Platz für uns alle.

Bevor wir uns hinlegen, sammeln wir Gräser, Laub und Moos und bauen uns einen gemütlichen Schlafplatz. Ich lege mich hin, schließe die Augen und denke daran, was ich in den letzten Monaten erlebt habe:

Im letzten Winter wurden mein Bruder und ich in einer ähnlichen Höhle wie dieser geboren. Wir waren richtige Winzlinge, konnten nichts sehen und hatten noch keine Zähne. Wir tranken bei unserer Mutter die Muttermilch. Bald öffneten wir die Augen, bekamen Zähne und machten die ersten tapsigen Schritte. Wir kletterten auf unserer Mutter herum, benutzten sie als Rutschbahn, rauften und spielten miteinander. Ich glaube, Mama war froh, als der Frühling kam und wir die Höhle verlassen konnten.

Wir fraßen saftige Kräuter und Gräser und leckten süßen Honig. Es schmeckte herrlich. Von Mama lernten wir, wie wir unsere Krallen am besten gebrauchen können: Wir pflückten mit ihnen Waldbeeren

Braunbär

Sachgeschichte

und Brombeeren und krallten uns beim Bäumehochklettern in die Baumrinde. Wir hinterließen mit unseren Krallen auch Kratzspuren an Baumstämmen. So wissen andere Bären, dass wir hier wohnen.

An eins kann ich mich besonders gut erinnern: Wir wanderten zu einem großen breiten Fluss. Mama sprang ins Wasser, tauchte unter und hielt einen zappelnden Fisch zwischen den Zähnen. Sie begann, ihn genüsslich zu verspeisen. Auch wir versuchten davon – es war köstlich! Dann haben mein Bruder und ich es selbst versucht und sind untergetaucht. Aber die Fische waren zu schnell für uns. Bestimmt schaffen wir es im nächsten Sommer.

„Geht es dir gut, mein kleiner Bär?" fragt Mama plötzlich besorgt. Ich antworte nachdenklich: „Ich muss gerade an unsere Erlebnisse in diesem Jahr denken. Du warst ganz schön streng mit uns. Wochenlang mussten wir üben, Bäume hochzuklettern. Als ich einmal herunterplumpste, hast du mir eine Ohrfeige gegeben." „Ich musste doch so streng sein", verteidigt sich Mama, „wisst ihr nicht mehr, als euch ein streitlustiges Bärenmännchen verfolgt hat? Das Hochklettern war eure Rettung!" Wenn ich daran denke, wird mir immer noch ganz komisch.

Auch der Schwimmunterricht hat mir erst gar nicht gefallen. Mama hat immer wieder mit uns den Fluss überquert. Aber jetzt, wo wir richtig schwimmen können, fühlen wir uns im Wasser bärenwohl. „Vielen Dank, liebe Mama, dass du uns so viel beigebracht hast", flüstere ich und kuschele mich an meine Mutter.
Sie nimmt uns beide in die Arme, streichelt uns mit ihrer Pfote über die Köpfe und schläft glücklich ein. Auch wir schließen die Augen und träumen vom nächsten Frühling.

Braunbär

Bilderquiz

1. Was sucht Mama Bär, wenn es Winter wird?

a) ☐ einen See zum Baden

b) ☐ eine Höhle für die Winterruhe

2. Was fressen die Bären?

a) ☐ Honig

b) ☐ nur kleine Wölfe

Kinder lernen Waldtiere kennen

Braunbär

Bilderquiz

3. Wozu brauchen die Bärenkinder ihre Krallen?

a) ☐ um ihre Mutter in den Po zu pieksen

b) ☐ zum Bäumehochklettern

4. Was suchen Mama Bär und ihre Kinder im Fluss?

a) ☐ Sie suchen nach Fischen.

b) ☐ Sie suchen Muscheln.

Kinder lernen Waldtiere kennen

Braunbär

Textquiz

1. Wie bereiten sich die Braunbären auf die Winterruhe vor?

a) ☐ Sie schwimmen sehr viel, um schlank zu bleiben.
b) ☐ Sie fressen sich ein Fettpolster an.
c) ☐ Sie suchen einen Platz, an dem sie überwintern können.

2. Was macht die Bärenfamilie, nachdem sie eine Höhle gefunden hat?

a) ☐ Sie bauen sich einen Schlafplatz aus Gräsern, Laub und Moosen.
b) ☐ Sie legen sich sofort auf den kalten Boden und schlafen ein.
c) ☐ Sie machen sich ein warmes Feuer.

3. Wovon ernähren sich die neugeborenen Bären zuerst?

a) ☐ von Muttermilch
b) ☐ von Blättern
c) ☐ von Buttermilch

4. Was fressen die Bären?

a) ☐ Honig
b) ☐ Erde
c) ☐ Beeren und Kräuter

5. Wozu braucht der Braunbär seine Krallen?

a) ☐ zum Klettern
b) ☐ um an Bäumen Kratzspuren zu hinterlassen
c) ☐ zum Schmusen

6. Warum hinterlässt der Bär Kratzspuren am Baumstamm?

a) ☐ aus Langeweile
b) ☐ um anderen Bären zu zeigen, dass er in dieser Gegend wohnt
c) ☐ weil er Bäume nicht mag

7. Was müssen die Bärenkinder lange üben?

a) ☐ Baumstämme hochzuklettern
b) ☐ Honig fressen
c) ☐ schwimmen

Braunbär

Bewegungsgeschichte

Text	Bewegungsvorschläge
Hallo! Ich bin Berti, der kleine Braunbär. Ich wohne mit meiner Mama und mit meinem Bruder Timmi in einer kuscheligen Höhle.	*bei „Hallo!" winken*
Wir krabbeln alle aus unserer Höhle. Sofort springen wir in den Bach. „Platsch!" Wir legen uns auf den Rücken und plantschen gemütlich. „Los, Kinder, raus mit euch, wir suchen uns etwas zu fressen", ruft Mama.	*Krabbelbewegung vorwärts – Sprung, in der Hocke landen – auf den Rücken legen, strampeln – umdrehen, auf allen vieren aus dem „Bach" krabbeln*
Wir marschieren los und finden leckere Blaubeeren. Mit unseren Krallen pflücken wir uns die besten Beeren. Mm! „Bssss …" „Hilfe, was sind das für Ungeheuer?", frage ich Mama erschrocken. „Das sind nur Bienen. Kommt, wir suchen ihren Honig!"	*im Stehen oder auf allen vieren durcheinandergehen – „Beeren" greifen, Hände zum Mund, bei „Bssss" Finger um den Kopf kreisen – bei „Hilfe" mit Kopf erschrocken zurückzucken*
Plötzlich sehe ich ein Eichhörnchen den Baum hochklettern. „Das erwische ich!" Ich versuche, den Baum hochzuklettern, und kralle mich ganz fest in die Rinde. Jetzt bin ich ganz oben, aber wo ist das Eichhörnchen? Einfach verschwunden.	*von unten nach oben schnelle Kletterbewegung – Kletterbewegung langsamer und Muskeln in den Fingern anspannen – Hand an die Stirn, um sich schauen*
Auf einmal spüre ich, dass sich der Baum unter mir bewegt. Ich schaukele hin und her. Jetzt bekomme ich aber Angst. Der Wind wird immer stärker. Ich kralle mich ganz fest an den Ast. „Berti, bist du hier oben?", höre ich plötzlich eine Stimme unter mir. „Mama!", rufe ich erleichtert.	*sich nach links und rechts wiegen – Schultern anziehen, dabei ängstliches Gesicht machen – laut ausatmen und sich hin- und herwiegen (Wind) – Muskeln in den Fingern anspannen – bei „Mama" nach unten schauen*
Ich krieche vorsichtig den Stamm hinunter. Mama umarmt mich und gibt mir Honig zu fressen. Was für ein aufregendes Erlebnis!	*Kletterbewegung von oben nach unten – Kind neben sich umarmen, Kaubewegung*

Kinder lernen Waldtiere kennen

Buntspecht

Ausmalvorlage/Steckbrief

Tiergruppe	Vogel
Systematik	Spechtarten in Mitteleuropa: Buntspecht, Grünspecht, Schwarzspecht, Grauspecht, Dreizehenspecht, Mittelspecht, Kleinspecht, Weißrückenspecht
Verbreitung	Der Buntspecht kommt in Europa, Asien und in Nordwest-Afrika vor. In Deutschland brüten etwa 500 000 Paare.
Aussehen/Merkmale	Sein Gefieder ist oben schwarz-weiß und unten gelblich-grau gefärbt. Die Federn unterhalb des Schwanzes sind rot; Männchen haben einen roten Nackenfleck und junge Spechte einen roten Scheitel. Typisch sind der lange Schnabel und der Schwanz, der als Stütze beim Baumklettern dient. Sein Gehirn ist „schwimmend" gelagert, so bekommt der Specht keine Gehirnerschütterung beim Hämmern.
Lebenserwartung	ungefähr 8 Jahre

Kinder lernen Waldtiere kennen

Buntspecht
Steckbrief

Lebensraum	Der Buntspecht hält sich hauptsächlich in Wäldern und Parks mit vielen Bäumen auf. Manchmal benutzt er zum Höhlenbau sogar Pfosten in der Landschaft oder auch Hausfassaden mit Styropormaterial. Meist zimmert er jedes Jahr eine neue Höhle; dafür bevorzugt der Specht alte und kranke Bäume. In den Höhlen leben als Nachmieter gerne Fledermäuse, Eulen, Singvögel, Siebenschläfer oder Marder.
Nahrung	Die meiste Zeit frisst der Buntspecht Insekten und ihre Larven. Er pickt mit dem Schnabel die Baumrinde auf und holt die Beute mit seiner langen Zunge heraus. Gelegentlich verspeist er auch Eier und Jungvögel oder trinkt den Saft von Bäumen. Im Winter frisst er Nüsse und Samen von Nadelbäumen. Zapfen klemmt der Specht in eine Spalte im Baumstamm ein und pickt die Samen heraus. Einen solchen Platz nennt man „Spechtschmiede".
Fressfeinde	Greifvögel, Marder
Verteidigung	Bei Gefahr hackt er mit dem Schnabel oder flüchtet und versteckt sich in seiner Höhle.
Sinnesorgane	Er hat ein gutes Gehör. Am Klang des Holzes kann er hören, ob und wo unter der Baumrinde Insekten versteckt sind.
Aktivitätszeit	Spechte sind am Tag aktiv.
Revierverhalten	Um sein Revier gegenüber anderen Tieren abzugrenzen, ruft der Specht bis zu 120 Mal in der Minute „kix". Auch das Trommeln gegen hohle Baumstämme dient der Revierabgrenzung.
Überwinterung	Der Buntspecht ist kein Zugvogel und hält keinen Winterschlaf.
Nachwuchs	Spechte trommeln in der Balzzeit besonders häufig. So machen Männchen und Weibchen sich gegenseitig aufeinander aufmerksam. Haben sich die beiden gefunden, baut das Spechtpaar gemeinsam im Frühjahr eine Höhle. Für den Bau benötigen sie 2–4 Wochen. Auf einen kurzen waagrechten Gang folgt ein senkrechtes Loch, das 20–50 cm tief ist. Als Nistmaterial werden Späne der Zimmerei verwendet. Das Weibchen legt 5–7 Eier. Auf diesen brüten beide Eltern etwa 10 Tage lang abwechselnd. Die Spechtbabys schlüpfen nackt und blind und müssen die ersten Tagen von ihren Eltern pausenlos gewärmt werden. Nachdem die Kleinen ausgeflogen sind, versorgen die Eltern sie noch etwa 1 Woche lang. Buntspechte brüten nur einmal im Jahr und suchen sich im Jahr darauf wieder einen neuen Partner.

Kinder lernen Waldtiere kennen

Buntspecht
Sachgeschichte

Einen Augenblick, Kinder! Ich muss noch kurz zu Ende trommeln. Tock, tock, tock, tock, tock, tock … Ich bin so richtig in Trommelstimmung. Und jetzt noch mal: Tock, tock, tock, tock, tock, tock …
Was ich hier mache, wollt ihr wissen? Ich hämmere mit meinem Schnabel auf einen hohlen Ast: Tock, tock, tock …

Pst! Seid mal kurz still. Habt ihr gerade auch ein Trommeln gehört? Nein, nicht mein Trommeln, sondern das Trommeln eines Spechtweibchens ganz in meiner Nähe. Sie will mir mitteilen, dass sie mich gehört hat. Ah, da kommt sie ja schon angeflogen. Sie sieht genauso aus wie ich: Sie hat ein schwarz-weiß-rotes Federkleid, jedoch keine roten Federn am Nacken; die haben nur wir Männchen.

„Hallo, mein Spechtweibchen, hast du schon eine Bruthöhle für unseren Nachwuchs gefunden?", rufe ich höchst erfreut. „Die Höhle musst du schon selber bauen", gibt mir das Spechtweibchen zur Antwort. Ich habe es geahnt, jedes Jahr ist es mit jeder Spechtfrau das Gleiche: Sie möchte wissen, ob ich ordentlich bauen kann.
Ich werde es ihr sofort beweisen. Ich fliege zu einem abgestorbenen Baum. Zuerst hacke ich ein kleines kreisrundes Loch in die Rinde, dann durchlöchere ich das Holz immer tiefer. Puh! Ist das anstrengend! Endlich hilft mir auch meine Spechtfrau. Nach zwei Wochen haben wir es geschafft: Fast einen halben Meter tief reicht das Loch in den Baum hinein.
Meine Braut wirft noch einige von den Holzspänen ins Loch, die wir aus dem Baum herausgeschlagen haben. Sie dienen als weiche Unterlage für unsere Kinder. „Die Bruthöhle gefällt mir sehr gut", lobt mich meine Zukünftige.

Nach der vielen Arbeit habe ich Hunger bekommen. Ich laufe den Baumstamm auf und ab. Mmh! Hier läuft eine Ameise. Ich picke sie mit meinem Schnabel auf. Nun habe ich Lust auf Käferlarven. Zuerst hacke ich etwas Holz weg, dann fahre ich meine lange, klebrige Zunge aus, und schon bleibt eine Larve hängen. Wirklich lecker, stimmt`s?
„Wo bist du?", rufe ich nach meiner Frau. Eine dumpfe Stimme antwortet: „Ich sitze auf meinem ersten Ei in der Baumhöhle und wärme es." Neugierig stecke ich den Kopf zu ihr hinein: „Soll ich dich ablösen?", frage ich hilfsbereit, denn ich als Spechtvater möchte auch bei der Aufzucht mithelfen. „Das ist aber spechtig, ich meine prächtig!", ruft meine Frau erfreut. Jeden Morgen legt sie nun ein weiteres Ei in die Höhle, bis es insgesamt fünf sind. Abwechselnd bebrüten wir sie.

Als es gerade dämmrig wird, taucht plötzlich eine Fledermaus am Eingang auf: „Wohnt hier noch jemand?", quietscht sie lautstark. „Natürlich, das siehst du doch", antworte ich dem ungebetenen Gast. „Ist schon recht, Herr Specht. Ich wollte nicht stören. Ich bin auf der Suche nach einer unbewohnten Spechthöhle", erklärt sie mir. „Du kannst in meiner alten Spechthöhle wohnen, gleich neben dem Holzstoß dort drüben", schlage ich der Fledermaus vor. Sie bedankt sich und fliegt davon.

Schon nach zehn Tagen schlüpfen nacheinander unsere Kinder. Sie haben keine Federn und ihre Augen sind noch geschlossen. Nun beginnt für uns Eltern eine anstrengende Zeit. Unermüdlich füttern wir unsere Jungen mit Insekten und Samen. Fünf Schnäbel sind zu stopfen, immer sind sie hungrig. Ihre zirpenden

Buntspecht

Sachgeschichte

Bettelrufe sind den ganzen Tag über schon von Weitem zu hören. Immer, wenn ich mit meinem Futter im Schnabel vor der Höhle lande, quietschen und drängeln die Kleinen. Jeder will der Erste sein. Ich stopfe das Futter in die Schnäbel der Kinder und fliege wieder los. Blattläuse, Schmetterlingsraupen, Spinnen, Mücken, saftige Borkenkäferlarven und auch Kirschen – auf alles haben sie einen Riesenappetit. Fast nach jeder Fütterung tragen wir ein Kotpaket aus der Höhle. So bleibt die Kinderstube schön sauber!

Unsere Jungspechte sind nun drei Wochen alt. Die Zeit des Ausfliegens steht bevor. „Los, raus mit euch, ihr müsst nun selbst fliegen und euch Futter suchen", rufe ich ihnen zu. Weit streckt sich das erste Junge aus dem Baumloch. Das zweite Junge drängelt von hinten und schubst das erste hinaus. Hui! Es flattert ins Freie und landet auf dem Boden.

Eine Woche lang füttern wir sie noch. Sie wollen auch noch gerne in der Spechthöhle schlafen. Das geht aber nicht. Sie müssen sich einen eigenen Schlafplatz suchen, sonst werden sie nicht selbstständig. Sie sind ein bisschen beleidigt, fliegen aber ohne Widerrede davon.

Am nächsten Morgen habe ich wieder Zeit für meine „Spechtschmiede". „Spechtschmiede" nennt man die Rindenspalte am Baum, in der ich einen Zapfen einklemme und die Samen mit meinem Schnabel heraushacke. Wenn nichts Leckeres mehr im Zapfen zu finden ist, lasse ich ihn fallen. Die Spechtschmiede ist sehr praktisch. Darum komme ich auch oft hierher. Mit der Zeit haben sich schon viele Zapfen am Fuß des Baumes angesammelt. Wenn ihr unter einem Baum sehr viele Zapfen liegen seht, dann ist wahrscheinlich über euch eine Spechtschmiede.

Im Winter leben wir hauptsächlich von diesen Samen, denn Insekten oder Früchte gibt es dann ja nicht. Meine Frau flattert inzwischen in einem anderen Wald herum. Erst wieder im Frühjahr werde ich mir ein neues Spechtweibchen für die Aufzucht der Kinder suchen. Im Herbst und Winter werde ich allein in meiner Höhle leben. Winterschlaf halte ich da aber nicht. Ich freue mich jetzt schon auf das Trommeln im Frühjahr.

Buntspecht

Bilderquiz

1. Weshalb klopft der Specht gegen einen Baumstamm?

a) ☐ Er macht sehr gerne Musik, um die Waldtiere zu erfreuen.

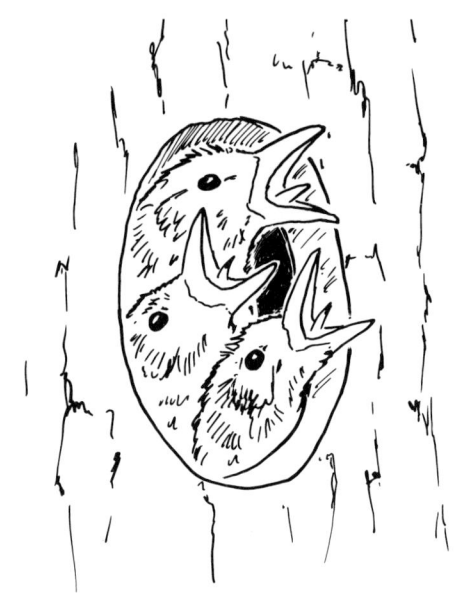

b) ☐ Er baut eine Bruthöhle für seine Kinder.

2. Wie sucht der Specht nach Ameisen?

a) ☐ Er pickt die Ameisen mit seinem Schnabel von einem Baumstamm auf.

b) ☐ Er durchwühlt die Erde.

Kinder lernen Waldtiere kennen

Buntspecht

Bilderquiz

---

3. Die Spechtbabys sind ausgeschlüpft. Wie erhalten sie ihre Nahrung?

a) ☐ Die Eltern fliegen mit dem Futter zur Höhle und stopfen es in die Schnäbel der Spechtbabys.

b) ☐ Die Spechtbabys suchen sich nach dem Schlüpfen selbst ihr Futter.

4. Was macht der Specht mit einem Baumzapfen?

a) ☐ Er klemmt ihn in eine Baumspalte und hackt mit seinem Schnabel den Samen heraus.

b) ☐ Er verjagt damit Eichhörnchen.

Kinder lernen Waldtiere kennen

Buntspecht

Textquiz

1. Was kann das Trommeln des Buntspechtes bedeuten?

   a) ☐ Er sucht ein Weibchen.
   b) ☐ Er wetzt seinen Schnabel, dass er schön spitz bleibt.
   c) ☐ Er zeigt anderen, dass er hier wohnt.

2. Welche Farben haben die Federn des Buntspechts?

   a) ☐ grün-weiß-gelb
   b) ☐ schwarz-weiß-rot
   c) ☐ weiß-orange-braun

3. Wie beginnt der Buntspecht, seine Baumhöhle zu bauen?

   a) ☐ Zuerst sucht er Moos, um die Höhle weich zu polstern.
   b) ☐ Er legt einen Insektenvorrat an.
   c) ☐ Er hackt zuerst ein kleines Loch, das er dann vergrößert.

4. Wie jagt der Buntspecht nach Käferlarven?

   a) ☐ Er schlägt mit seinen Flügeln und wedelt so die Larven aus ihrem Versteck.
   b) ☐ Er schiebt seine klebrige Zunge unter die Baumrinde, daran bleiben die Larven hängen.
   c) ☐ Er fliegt mit geöffnetem Schnabel durch die Luft, dabei fliegen Käferlarven in sein Maul.

5. Wie kommen die Buntspechtküken zur Welt?

   a) ☐ Sie schlüpfen ohne Federn und mit geschlossenen Augen aus dem Ei.
   b) ☐ Sie haben Federn und trinken Milch bei ihrer Mutter.
   c) ☐ Sie sind blind und haben blaue Federn.

6. Die jungen Buntspechte sind 3 Wochen alt. Was passiert?

   a) ☐ Sie lassen sich von ihren Eltern herumfliegen.
   b) ☐ Sie fliegen selbst aus der Spechthöhle.
   c) ☐ Sie bekommen selber Junge.

7. Was macht der Buntspecht an der Spechtschmiede?

   a) ☐ Er schmiedet eine Tür für seine Höhle.
   b) ☐ Er nimmt ein ausführliches Bad.
   c) ☐ Er klemmt einen Zapfen in eine Rindenspalte und pickt den Samen heraus.

Kinder lernen Waldtiere kennen

Buntspecht

Bewegungsgeschichte

Text	Bewegungsvorschläge
Es ist Winter. Pock, der Buntspecht fliegt durch den Wald. Mal fliegt er ganz niedrig, mal ganz hoch. Nun landet er auf dem Boden. Dort schnappt er sich einen Zapfen und fliegt mit ihm zur Spechtschmiede.	*Arme ausbreiten, abwechselnd geduckt und aufgerichtet laufen – neben einem Zapfen „landen" – Zapfen fassen – „losfliegen" und neben einem Baum „landen"*
Er klemmt den Zapfen in eine Rindenspalte und hackt die Samen mit seinem Schnabel heraus. Hack, hack, hack … Mmh, lecker! Danach lässt Pock den Zapfen fallen. Anschließend fliegt er zu einem alten Baum.	*Zapfen an den Baum drücken und mit Stock auf Zapfen schlagen, kauen – Zapfen fallen lassen – zu einem anderen Baum laufen*
Es ist Frühling. Pock trommelt mit seinem langen Schnabel auf einen morschen Ast: Tock, tock, tock … Alle paar Sekunden erfolgt ein neuer Trommelwirbel: Tock, tock, tock … Endlich kommt ein Weibchen angeflogen.	*mit Stock auf Baum trommeln – mehrmals wiederholen, schnelles und langsames Trommeln im Wechsel – Arme ausbreiten und im Kreis drehen*
Zusammen zimmern sie sich eine Bruthöhle: Tock, tock, tock … Jeden Tag legt das Weibchen ein Ei hinein: 1, 2, 3, 4, 5. Dann brüten sie die Eier aus. Nach 10 Tagen schlüpfen die Kleinen. Sie pressen sich aus der Eischale und kuscheln sich eng aneinander.	*mehrmals auf Baum trommeln – 5-mal Po senken und heben – hinhocken – sich ruckweise aufrichten – Kinder stellen oder legen sich eng aneinander*
Die Eltern gehen auf Futtersuche. Pock läuft einen Baumstamm rauf und runter. Dann pickt er mehrmals ins Holz. Ah, hier ist eine Larve. Er bohrt seine lange Zunge ins Holz. Die Larve bleibt hängen. Schnell fliegt er zur Spechthöhle und füttert ein Junges.	*„durcheinanderfliegen" – an einem Baum „landen", mit Händen Kletterbewegung – mit oder ohne Stock picken – Zunge aus- und einfahren – zur Spechthöhle „fliegen" und „Junges füttern"*

Tipp: Diese Bewegungsgeschichte spielt sich im Freien unter Bäumen ab. Falls nicht schon von Natur aus vorhanden, verteilen Sie vor Beginn Zapfen am Boden. Jedes Kind erhält einen kleinen Stock oder einen Stift als Schnabel und hält ihn beim Fliegen in der Hand. Soll die Bewegungsgeschichte in einem Raum stattfinden, legen Sie mit den Kindern fest, was die „Bäume" sein sollen. Auch hier Zapfen oder ersatzweise andere Gegenstände (z.B. Bauklötze) am Boden verteilen. Das Füttern im letzten Absatz kann mit verteilten Rollen gespielt werden.

Kinder lernen Waldtiere kennen

Dachs

Ausmalvorlage/Steckbrief

Tiergruppe	Säugetier
Systematik	Dachse sind Raubtiere und gehören zur Familie der Marder. Die Dachsart, die bei uns lebt, ist der Europäische Dachs oder Eurasische Dachs.
Verbreitung	fast ganz Europa, Asien. In den 1970er Jahren ging die Zahl der Dachse sehr zurück, weil viele Fuchsbaue begast wurden, um die Tollwut einzudämmen. Die mit den Füchsen einen Bau bewohnenden Dachse starben am Gas oder an der Krankheit. Heute ist die Zahl der Tiere wieder gestiegen.
Aussehen/Merkmale	schmaler Kopf mit drei weißen Streifen und weißen Ohrspitzen; glänzendes, dickes graubraunes Fell, an den Beinen schwarz; starker Kiefer mit robusten, spitzen Zähnen; kurze, kräftige Beine mit je fünf gebogenen Krallen am Fuß
Lebenserwartung	bis zu 20 Jahren

Dachs
Steckbrief

Lebensraum	Im Wald oder am Waldesrand legt er seinen unterirdischen Bau an. 1–5 Meter unter der Erdoberfläche liegen verschiedene Wohnkammern. Mehrere Gänge und Belüftungsschächte führen nach draußen. Die Nachkommen einer Familie bleiben häufig in einem Bau wohnen und bauen ihn weiter aus. Auch Füchse oder Wildkaninchen bewohnen oft die Dachsbaue mit. Dachse kommen gelegentlich auch in großen Gärten und Parklandschaften vor.
Nahrung	Dachse sind Allesfresser: Meist fressen sie pflanzliche Nahrung, z.B. Obst, Beeren, Wurzeln, Samen, Pilze, Getreide und Mais. Ungefähr ein Viertel ihrer Nahrung besteht aus kleinen Tieren, wie Insekten, Würmern, Schnecken, Mäusen, jungen Vögeln oder Hasen. Auch Eier lassen sich Dachse schmecken.
Fressfeinde	Der Dachs hat in Deutschland kaum mehr natürliche Fressfeinde, da Bären, Wölfe oder Luchse nur selten oder gar nicht hier auftreten.
Verteidigung	Keine besonderen Verteidigungsstrategien, der Dachs ist meist friedlich.
Sinnesorgane	sehr guter Geruchssinn, Gehör und Sehvermögen mäßig ausgebildet
Aktivitätszeit	Tagsüber ruht der Dachs in seinem Bau, nachts geht er auf Jagd.
Revierverhalten	Dachse markieren ihre Streifgebiete mit Duft aus einer Drüsentasche unter dem Bürzel. Dachse aus demselben Familienbau suchen im gleichen Revier nach Nahrung. Die Reviergröße beträgt ungefähr einen Quadratkilometer.
Überwinterung	Dachse halten gewöhnlich eine Winterruhe, die je nach Klima einige Tage bis mehrere Monate dauern kann. Im Herbst fressen sie sich eine Fettschicht an. Während der Winterruhe verlassen sie ab und zu ihren Bau, um zu fressen, Wasser zu trinken und Kot auszuscheiden.
Nachwuchs	Dachse paaren sich im Sommer. Junge Dachse werden im Februar oder März geboren, meist sind es 2–5 Junge. Die Jungen sind noch blind und haben ein weißes Fell. Sie werden bis zu 16 Wochen gesäugt. Mit 6–8 Wochen verlassen die Jungtiere zum ersten Mal den Bau. Die männlichen Jungtiere verlassen etwa im Oktober, manchmal auch erst nach der Winterruhe den Bau. Die jungen Dachsweibchen bleiben teilweise im Bau wohnen und bauen neue Kammern.

Kinder lernen Waldtiere kennen

Dachs

Sachgeschichte

Hallo Kinder! Habt ihr schon mal einen Dachs gesehen? Nein? Das ist auch kein Wunder. Schließlich sind wir nur nachts unterwegs und schlafen tagsüber in unserem Bau unter der Erde. Uns bekommt man nur selten zu Gesicht. Wir sind scheue Tiere und wollen in Ruhe gelassen werden.

Jetzt möchte ich euch aber etwas von mir und meiner Familie erzählen: Im Moment liege ich mit meiner Schwester in unserer gemütlichen Kammer in unserem Dachsbau. Der liegt unter der Erde und hat einen Haupteingang und vier verschiedene Ausgänge. Wir benutzen nur den Haupteingang, die anderen Ausgänge brauchen wir, damit der Bau gut durchlüftet ist. Die vielen Ausgänge dienen auch als Notausgänge. Wer weiß! Vielleicht ist unser Haupteingang mal verschüttet.

Nachdem meine Eltern den Bau gegraben hatten, haben sie die Kinderschlafkammern für mich und meine Geschwister mit weichem Gras und Blättern ausgepolstert. Ganz warm und gemütlich ist es hier. Das Schlafzimmer unserer Eltern liegt nebenan in einer extra Kammer. Sie halten gerade ihren Nachmittagsschlaf und wollen auf keinen Fall gestört werden.

„Ich muss mal", ruft plötzlich neben mir meine Schwester. „Mach ja nicht in unsere Kammer rein", antworte ich. Wir Dachse sind nämlich reinliche Tiere. Schnell kriecht sie durch den Gang ins Freie, buddelt ein Loch, verrichtet ihr Geschäft und buddelt das Loch wieder zu. Bald ist sie wieder da. Wir kuscheln uns aneinander und beschließen, noch etwas zu schlafen. Schließlich ist es helllichter Tag, und wir müssen nachts für die Jagd fit sein.

Als wir fast eingeschlafen sind, reißt uns eine quietschige Stimme aus unserem Schlaf: „Papa, wohnt hier ein Dachs?" „Ich glaube nicht, aber vielleicht ein Bär", hören wir eine tiefe Stimme antworten. Meine Geschwister und ich sehen uns ungläubig an. „Diese Menschen haben doch manchmal wirklich keine Ahnung", regt sich mein Bruder auf, „unseren Dachsbau erkennt man doch an den Erdhügeln neben unserem Eingang!" Beim Graben haben unsere Eltern massenhaft Erde aus dem Boden herausgeschaufelt, um für uns breite Gänge und Kammern zu bauen.

„Was macht ihr für einen Lärm!", ertönt es plötzlich neben uns. Mama Dachs ist aufgewacht und schaut vorwurfsvoll in unsere

Kinder lernen Waldtiere kennen

Dachs

Sachgeschichte

Kammer herein. „Wenn ihr schon nicht schlafen könnt, dann wechselt wenigstens eure Schlafunterlage. Sobald ihr damit fertig seid, gehen wir auf die Jagd." Lustlos packen wir die schon etwas muffigen Blätter nach draußen, sammeln frische und bringen sie schnell in den Bau. Papa ermahnt zum Aufbruch. „Wo ist Mama?", frage ich verwundert. „Sie möchte heute allein auf Jagd gehen. Ihr geht mit mir", erklärt uns Papa.

Plötzlich kommt aus unserem Nebeneingang ein Tier mit rötlichem Fell heraus. Erschrocken schaue ich zu Papa. „Guten Abend, Herr Dachs", grüßt das Tier freundlich, „ich bin Ihr neuer Nachbar, der Herr Fuchs. Ich wohne seit Kurzem in Ihrem Bau; ich hoffe, Sie stört das nicht." „Nein, nein", antwortet unser Vater höflich, „der Bau ist doch groß genug für uns alle." Der Fuchs bedankt sich und geht seines Weges.

Auch wir brechen auf. Wie jede Nacht gehen wir den gleichen Weg durch den Wald. „Was riecht denn hier so?", will meine Schwester wissen. „Papa kennzeichnet mit seinem Duft unser Revier", erkläre ich ihr, „damit andere Tiere wissen, dass wir hier jagen." „Wenn du Schlaudachs schon so schlau bist, dann kannst du mir sicher auch sagen, wo ich etwas Leckeres zum Fressen finde. Ich habe einen riesigen Hunger auf Schnecken, Regenwürmer, Pilze, Insekten, Wurzeln, Früchte, Vogeleier, junge Vögel, Eidechsen, Schlangen, Frösche ...", frotzelt meine kleine Schwester. „Hör bitte auf zu reden, mir läuft das Wasser im Maul zusammen", unterbreche ich sie.

Unterdessen zieht Papa mit seinen fünf Krallen einen Regenwurm aus der Erde und verschlingt ihn. Wir machen es ihm nach. Und hier sind noch ein paar Schnecken. Blitzschnell schnappe ich mir noch einen Nachtfalter aus der Luft. Zum Nachtisch graben wir uns noch einige Wurzeln aus der Erde und schlürfen Wasser aus einem kleinen Bach.

Von hinten schleiche ich mich an meine Schwester heran und stupse sie mit meiner Schnauze. „Ich bin ein Allesfresser und fresse dich gleich auf", flüstere ich ihr mit schauerlicher Stimme ins Ohr. Meine Schwester schleudert mir sofort ihre Pfote ins Gesicht: „Du Frechdachs, lass mich gefälligst in Ruhe!" „Seid doch still", meckert Papa uns an, „ihr vertreibt doch alle Tiere! Wenn ihr möchtet, könnt ihr zu unserem Bau zurück, er ist hier ganz in der Nähe. Ich habe noch Hunger und gehe allein weiter." Gut gelaunt treten wir den Heimweg an. Mama ist auch gerade von der Jagd zurückgekehrt. „Zieht euch noch gegenseitig die Läuse aus eurem Fell", rät sie uns und zupft sich dabei selbst eine Laus von ihrem Bauch. Abwechselnd zupfen wir an uns herum. Das kitzelt und macht sogar Spaß. Als es langsam hell wird, verziehen wir uns in unseren Bau. Was für ein Glück, dass wir so warme, ausgepolsterte Schlafplätze haben. Die hat der Fuchs nicht! Selig schlafen wir bis zum nächsten Abend.

Kinder lernen Waldtiere kennen

Dachs
Bilderquiz

1. Wo schläft der Dachs?

a) ☐ in seinem Bau unter der Erde

b) ☐ auf dem Waldboden im Gras

2. Wann geht die Dachs-Familie auf Jagd?

a) ☐ am Tag

b) ☐ in der Nacht

Kinder lernen Waldtiere kennen

Dachs

Bilderquiz

3. Wer wohnt noch im Dachsbau?

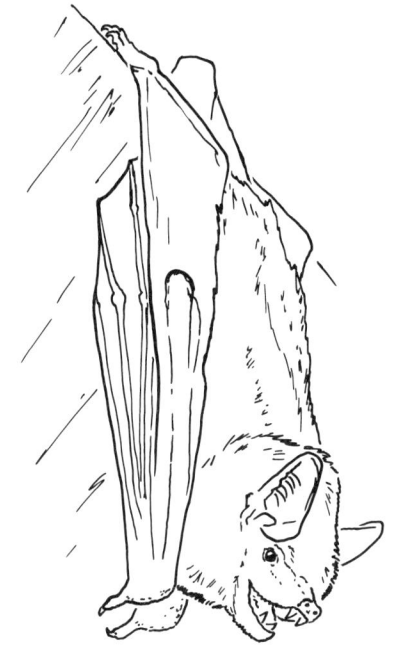

a) ☐ eine Fledermaus

b) ☐ ein Fuchs

4. Ist der Dachs ein Allesfresser?

a) ☐ Ja, er frisst Tiere, aber auch Früchte und Pilze.

b) ☐ Nein, er frisst nur Blätter.

Kinder lernen Waldtiere kennen

Dachs
Textquiz

1. Wo wohnen die Dachse?

a) ☐ in einem großen hohlen Baumstamm
b) ☐ in einem unterirdischen Bau
c) ☐ Der Dachs ist überall zu Hause; er schläft, wo es ihm gerade gefällt.

2. Weshalb baut sich der Dachs mehrere Ausgänge?

a) ☐ damit der Bau gut durchlüftet ist
b) ☐ als Notausgänge
c) ☐ als Kaninchenfalle

3. Wie richten die Dachs-Eltern die Kinderschlafkammern ein?

a) ☐ Sie polstern sie mit Gras und Blättern aus.
b) ☐ Sie graben nur die Höhle, für alles andere sind sie zu faul.
c) ☐ Sie legen gar keine extra Schlafkammern für die Dachs-Kinder an.

4. Wann geht die Dachs-Familie auf die Jagd?

a) ☐ am Tag
b) ☐ in der Nacht
c) ☐ nur im Frühling

5. Teilen sich Dachse und Füchse gelegentlich einen Bau?

a) ☐ Ja, es ist genügend Platz für beide Tiere.
b) ☐ Nein, die Dachsfamilie mag keine Füchse.
c) ☐ Die Dachse teilen den Bau nur, wenn die Füchse ihnen Nahrung bringen.

6. Was fressen die Dachse?

a) ☐ Der Dachs frisst nur Pflanzen.
b) ☐ Der Dachs frisst nur Fleisch, am liebsten jeden Tag mehrere Maulwürfe.
c) ☐ Er ist ein „Allesfresser", er frisst sowohl Pflanzen als auch Tiere.

7. Was machen die Dachse, nachdem sie von der Jagd zurückgekehrt sind?

a) ☐ Sie schlafen erschöpft vor ihrer Höhle ein.
b) ☐ Sie sagen allen Waldtieren guten Morgen.
c) ☐ Sie zupfen sich Läuse aus ihrem Fell.

Kinder lernen Waldtiere kennen

Dachs

Bewegungsgeschichte

Text	Bewegungsvorschläge
Dina und Dick, die beiden Dachse, bekommen bald Nachwuchs. Beide müssen sich einen Dachsbau graben.	*Ausgangsposition: Fersensitz*
Mit ihren zehn Vorderkrallen fangen sie an, zu graben. Sie graben und graben und graben. Die Erdhügel neben dem Loch werden immer höher. Dina schaut sich die Höhle an. Noch zu klein! Sie müssen weitergraben. Jetzt schlüpft Dick in das Loch. Juchhu, die Höhle ist groß genug! Beide legen sich in ihre Schlafkammer.	*10 Finger spreizen, mit den Armen seitlich Grabbewegungen – Arme über den Kopf – einmal um sich selber drehen – Grabbewegungen – vorwärtskrabbeln – bei „juchhu" Hände über den Kopf werfen – sich hinlegen*
Am nächsten Abend erwachen die zwei Dachse. Sie schlüpfen aus ihrem Bau und sammeln Gräser und Blätter. Dann kriechen sie wieder hinein und polstern ihr Schlafzimmer aus. So ein weicher Schlafplatz! Bald kommen die Dachsbabys auf die Welt. Sie strampeln mit ihren Beinchen und saugen die Milch.	*sich aufrichten – krabbeln – am Boden echte oder Fantasie-Blätter sammeln – krabbeln, Blätter auf einen Haufen legen, sich selbst auf das „Bett" legen – mit Armen und Beinen strampeln, Sauggeräusche*
Dick, der Dachsmann, geht unterdessen auf Jagd. Plötzlich entdeckt er ein Hummelnest. Er wühlt mit seinen Pfoten darin, dann frisst er die Larven. Die Hummeln sind wütend, sie versuchen, Dick zu stechen: Pieks, pieks, pieks … Dick macht das gar nichts aus, vergnügt läuft er weiter.	*aufrecht oder auf allen vieren fortbewegen, dabei schnuppern – mit Händen wühlen, schmatzen – Kinder versuchen, sich gegenseitig mit den Fingern zu pieksen – weiterlaufen/-krabbeln*
Es ist Herbst geworden. Die Dachsfamilie frisst und frisst. Alle sind schon ganz dick geworden. Sie sammeln noch einmal Gräser und Blätter und kuscheln sich auf ihr weiches Bett. Jetzt halten sie Winterruhe.	*schmatzen, mampfen, kauen – Arme vor den Bauch halten – Blätter sammeln, auf einen Haufen legen und sich darauflegen – still sein*

Tipp: *Falls nicht schon von Natur aus vorhanden, können Sie vor Beginn der Bewegungsgeschichte Blätter auf dem Boden verteilen. Führen Sie die Bewegungsgeschichte auf einer Wiese durch, so können die Kinder Gräser sammeln.*

Kinder lernen Waldtiere kennen

Eichhörnchen
Ausmalvorlage/Steckbrief

Tiergruppe	Säugetier
Systematik	Das Eichhörnchen gehört zu den Nagetieren. Es gibt Baumhörnchen, Erdhörnchen und Flughörnchen. Das Eichhörnchen zählt zu den Baumhörnchen. In Europa ist das Europäische Eichhörnchen heimisch.
Verbreitung	Abgesehen von ein paar Inseln im Mittelmeer, gibt es Eichhörnchen in jeder bewaldeten Region Europas und Asiens.
Aussehen/Merkmale	Mitteleuropäische Eichhörnchen haben im Sommer ein schwarz- oder rotbraunes Fell, im Winter ist es grau durchfärbt; die Fellunterseite ist immer weiß. Sie haben einen langen, buschigen Schwanz, der ungefähr so lang wie der Körper ist. Weitere Merkmale sind: Haarbüschel an den Ohren; kräftige Nagezähne; je 4 Greifzehen; Tasthaare an Augen, Wangen und Unterarmen.
Lebenserwartung	bis zu 12 Jahren
Lebensraum	Das Eichhörnchen baut aus Ästen und Zweigen ein rundliches Nest, den Kobel, hoch oben in den Bäumen. Innen wird es mit Gras, Moos und Federn gepolstert. Es besitzt ein oder zwei Eingangslöcher an den Seiten. Außer dem Hauptkobel werden oft noch weitere Nester angelegt. Fühlt sich das Eichhörnchen in seinem Nest nicht mehr sicher, kann es umziehen.

Eichhörnchen

Steckbrief

Nahrung	Nüsse, Eicheln, Bucheckern, Samen von Baumzapfen, Früchte und Beeren, Pilze, junges Grün, Vogeleier, junge Vögel. Weil Eichhörnchen viele trockene Körner fressen, müssen sie viel trinken.
Fressfeinde	Hauptfeinde des Eichhörnchens sind Marder und Greifvögel.
Verteidigung	Weil das Eichhörnchen so schnell und geschickt in den Bäumen herumturnt, hängt es Raubtiere, wie Füchse und Raubvögel, meistens mühelos ab. Gefährlich ist der Marder, da er größere Ausdauer und höhere Sprungkraft besitzt. Aber das Eichhörnchen kann sich zum Erdboden fallen lassen. Hierbei dient der Schwanz als „Fallschirm" und „Steuerruder". Diese Fähigkeit besitzt der Marder nicht.
Sinnesorgane	Eichhörnchen können keine Farben erkennen, sehen aber ansonsten hervorragend. Ihr Gehör ist ebenfalls sehr gut. Um ihre versteckten Vorräte wiederzufinden, nutzen Eichhörnchen ihren ausgezeichneten Geruchssinn.
Aktivitätszeit	Das Eichhörnchen ist tagaktiv. Nachts schläft es in seinem Kobel.
Revierverhalten	Eichhörnchen grenzen ihr Revier nicht stark ab. Wenn sie aber Junge haben, vertreiben sie Störenfriede.
Überwinterung	Im Herbst versteckt das Eichhörnchen Vorräte; es vergräbt sie oder klemmt sie in Rindenrissen oder Astgabeln fest. Während der Wintermonate hält es im Kobel Winterruhe. Es wacht ab und zu auf und sucht nach seinen Vorräten. Eichhörnchen merken sich ihre Verstecke nicht, sie erschnuppern ihre Nahrung oder suchen geeignete Stellen ab.
Nachwuchs	Im Frühjahr lockt das Weibchen durch Urinspuren ein Männchen an. Nach der Paarung vertreibt das Weibchen das Männchen. Mit Moos, Federn und Fellhaaren polstert sie das Nest aus. Nach ungefähr 4–5 Wochen kommen 2–6 Junge blind und nackt zur Welt. Jedes Baby wiegt so viel wie zwei Zuckerwürfel. Mit 15 Tagen bekommen sie die ersten Haare, nach einem Monat öffnen sich ihre Augen und die Nagezähne wachsen. Wenn ein junges Eichhörnchen aus dem Nest fällt, gibt es laute Pfeifgeräusche von sich. Es wird dann von seiner Mutter am Genick gepackt und zum Nest zurückgetragen. Mit 6 Wochen können die Kleinen draußen auf Nahrungssuche gehen, bleiben aber noch einige Zeit in der Nähe des Nestes. Im Alter von 4 Monaten sucht sich jedes Eichhörnchen ein eigenes Gebiet. Pro Jahr bekommt ein Eichhörnchen ungefähr 2-mal Junge.

Kinder lernen Waldtiere kennen

Eichhörnchen

Sachgeschichte

Es ist früh am Morgen. Die Sonne geht gerade auf. Immer dieses ewige Vogelgezwitscher! Schlecht gelaunt drehe ich mich noch einmal in meinem Kobel, meinem Eichhörnchennest, um. Diese neue Vogelfamilie ein Stockwerk unter mir ist wirklich anstrengend. Ich klettere aus meinem Kobel, springe auf den Ast unter mir und gucke in das Vogelnest. Vier kleine Vogelbabys reißen ihre Schnäbel auf. „Ich bin nicht eure Mutter, ihr könnt eure Schnäbel ruhig wieder zumachen", rufe ich ihnen zu. Als ich die Vögelchen so ansehe, komme ich ins Grübeln.

Ich und meine Geschwister waren ja auch mal fast so klein. Bevor wir auf die Welt kamen, hatte sich unsere Mutter aus Ästen, Gräsern, Moos, Federn und Rinde ein gemütliches Nest gebaut. Unser Kobel sah aus wie ein Ball und hatte einen Vorder- und einen Hinterausgang. Als ich aus dem Bauch meiner Mutter schlüpfte, konnte ich nicht sehen. Ein Fell hatte ich auch noch nicht, aber meine Geschwister und ich wärmten uns gegenseitig im Nest.
Wir saugten Milch bei unserer Mutter. Schon nach einem Monat sahen wir wie erwachsene Eichhörnchen aus. Wir hatten ein rötliches Fell, einen weißen Bauch und einen langen, buschigen Schwanz.
In unserem Kobel wurde es allmählich zu eng. Ich zog aus und baute mir hier auf diesem Baum ein eigenes Nest.

Jetzt muss ich mir aber etwas zu fressen suchen. Schnell klettere ich mit meinen spitzen Krallen den Baumstamm hinunter. Heute habe ich richtig Lust auf Brombeeren. Die Samen von den Baumzapfen habe ich erst gestern gegessen. Vor zwei Jahren habe ich sogar ein Vogelei und einen kleinen Vogel aus dem Nest gefressen. Anderen Eichhörnchen schmecken Vögel gut, ich mochte sie aber nicht besonders.

Oh! Eine Haselnuss, wie schön. Ich hebe sie vom Boden auf und knacke sie mit meinen kräftigen Nagezähnen. Mmh, lecker! „Hallo, mein Freund", ertönt plötzlich eine Stimme hinter mir. Ich drehe mich um. Ein kleines Eichhörnchen mit schwarzem Fell steht vor mir. „Ich bin Schussel, wollen wir Fangen spielen?", fragt es mich freundlich. „Ich möchte nämlich noch schneller werden, falls mich wieder ein Greifvogel jagt. Beim letzten Mal bin ich ihm nur knapp entkommen." „Ja, gerne", antworte ich. „Also, dann kann es losgehen, du fängst mich", schlägt das schwarze Eichhörnchen vor und rennt den Baumstamm hoch.

Eichhörnchen

Sachgeschichte

Ich verfolge es, so schnell ich kann. Ich springe von einem Ast zum anderen, klettere anschließend kopfüber den Baumstamm runter und den nächsten Baum wieder hinauf. Ein Glück, dass wir Eichhörnchen einen dicken Schwanz haben. Damit können wir unser Gleichgewicht bei den Sprüngen halten. Als ich Schussel endlich eingeholt habe, tauschen wir die Rollen. Nun düse ich los. Als ich hoch oben auf einem Ast entlangrenne, spüre ich, dass Schussel immer näher kommt.

Doch was ist das? Das schwarze Eichhörnchen verfolgt mich ja gar nicht, sondern sitzt unten auf dem Boden und fuchtelt wild mit den Pfoten. Aber wer verfolgt mich dann? Blitzschnell drehe ich mich um. Oh, Schreck! Mein Todfeind, ein Marder, ist mir dicht auf den Fersen und versucht, mich zu schnappen. Ich renne in Sekundenschnelle den Baum hinauf, der Marder dicht hinter mir. Gleich hat er mich, was soll ich nur tun? Ohne zu zögern, springe ich. Eine Sekunde später lande ich wohlbehalten auf dem Boden. Welch ein Glück, dass mein Schwanz wie ein Fallschirm funktioniert! Puh! Neugierig drehe ich mich zu dem Marder um. Er hat die Verfolgung aufgegeben und klettert langsam den Baum hinunter.

„Einen tollen Sprung hast du gemacht", lobt mich Schussel voll Bewunderung. „Ich hatte keine andere Wahl, ich musste es wagen", antworte ich erschöpft, aber auch ein bisschen stolz. Schussel gibt mir zum Trost ein paar Nüsse. Der Appetit ist mir leider vergangen. Ich nehme die Nüsse dankend an, grabe ein Loch in die Erde und stecke sie hinein. „Für den Winter, als Fressvorrat", erkläre ich Schussel, „hoffentlich vergesse ich das Versteck nicht." Nachdem ich den Vogelbabys „Gute Nacht" gesagt habe, lege ich mich müde in meinen Kobel. Sogar das Vogelgezwitscher am nächsten Morgen kann mich nicht stören.

Eichhörnchen

Bilderquiz

1. Wo werden Eichhörnchenbabys geboren?

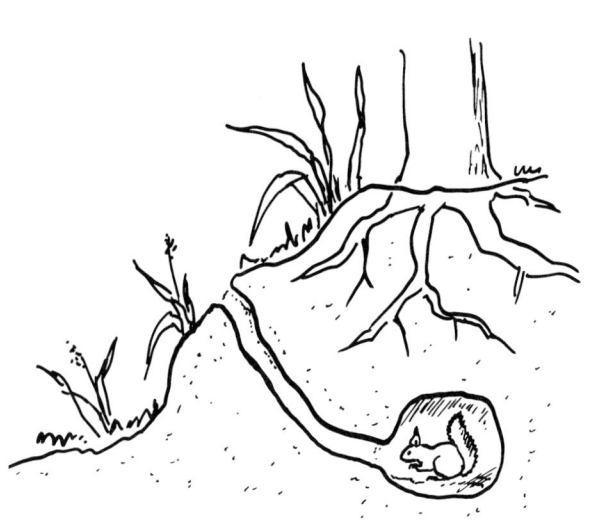

a) ☐ in einer Erdhöhle

b) ☐ in einem Nest hoch oben auf einem Baum

2. Mit wem spielt das Eichhörnchen fangen?

a) ☐ mit einem anderen Eichhörnchen

b) ☐ mit einem Habicht

Kinder lernen Waldtiere kennen

Eichhörnchen

Bilderquiz

3. Wer ist der Feind des Eichhörnchens?

a) ☐ der Marder

b) ☐ das Reh

4. Was macht das Eichhörnchen mit seinen Nüssen?

a) ☐ Es frisst sie, oder es gräbt ein Loch in die Erde und steckt sie als Wintervorrat hinein.

b) ☐ Es schenkt die Nüsse den Mäusen.

Kinder lernen Waldtiere kennen

Eichhörnchen

Textquiz

1. Wie nennt man das Nest des Eichhörnchens?

a) ☐ Kabel b) ☐ Kobel c) ☐ Kübel

2. Woraus baut das Eichhörnchen sein Nest?

a) ☐ aus Ästen, Gräsern und Moosen b) ☐ aus Sand und Erde c) ☐ aus Eicheln

3. Weshalb fällt das Eichhörnchen beim Klettern von den Bäumen nicht herunter?

a) ☐ Aus den Pfoten kommt eine klebrige Flüssigkeit. b) ☐ Es klemmt den puscheligen Schwanz in der Baumrinde fest. c) ☐ Es hält sich mit seinen spitzen Krallen fest.

4. Was fressen Eichhörnchen?

a) ☐ Nüsse und Beeren b) ☐ Samen von Baumzapfen c) ☐ ausgewachsene Vögel

5. Wer jagt Eichhörnchen?

a) ☐ Greifvögel b) ☐ Spechte c) ☐ Marder

6. Wozu dient dem Eichhörnchen sein dicker Schwanz?

a) ☐ um bei Gefahr den Angreifer in der Nase zu kitzeln b) ☐ um das Gleichgewicht bei seinen Sprüngen zu halten und als Fallschirm c) ☐ um sein Revier zu kennzeichnen

7. Warum vergräbt das Eichhörnchen die Nüsse?

a) ☐ weil es ihm Spaß macht b) ☐ als Fressvorrat für den Winter

c) ☐ Es möchte Nussbäume pflanzen.

Eichhörnchen

Bewegungsgeschichte

Text	Bewegungsvorschläge
Das Eichhörnchen schläft in seinem Kobel. Die Sonne scheint und kitzelt das Eichhörnchen in der Nase: Hatschi, hatschi! Es wacht auf, reibt sich die Augen, gähnt und streckt sich.	*in der Hocke Schlafhaltung – mit den Armen Kreis bilden – niesen – Augen reiben, gähnen und Arme weit von sich strecken*
Es hat riesigen Hunger, sein Magen knurrt schon ganz laut. Es muss sich unbedingt etwas zum Fressen suchen. Das Eichhörnchen hüpft aus seinem Kobel und schaut sich um: Kein Feind ist zu sehen.	*an den Bauch fassen und Knurrgeräusche von sich geben – Sprung nach vorn – Hand an die Stirn und nach links und rechts schauen*
Nun springt es von Ast zu Ast und von Baum zu Baum. Dann klettert es den Stamm hinunter auf die Erde. Es sucht nach den versteckten Nüssen. Wo sind sie nur? Ein Glück, hier sind sie! Es knackt mit seinen großen Zähnen eine Nuss und nagt daran. Mmh, lecker!	*Sprünge vor-, rück- und seitwärts – Kletterbewegung aus dem Stand in die Hocke – mit den Fingern am Boden wühlen – Hände zum Mund führen und „nagen"*
Auf einmal ziehen Wolken auf. Die ersten Regentropfen fallen auf die Erde. Immer stärker regnet es. Plötzlich donnert und blitzt es. Bumm, bumm, bumm, tsch, tsch tsch; das Eichhörnchen stellt seinen Schwanz nach oben und benutzt ihn als Regenschirm. Brr, ist das ungemütlich hier.	*mit Füßen trippeln, dabei Hände vor Körper auf und ab bewegen und Tempo beschleunigen – Sprung in die Luft, bei „bumm" auf den Füßen landen – bei „tsch" Hände vor dem Gesicht kreuzen – Arm über den Kopf legen – sich ausschütteln*
Schnell klettert das Eichhörnchen den Baumstamm wieder hoch, hüpft von Ast zu Ast und kuschelt sich in seinen Kobel. Es dreht sich ein paarmal um sich selbst und legt sich gemütlich auf seinen weichen Schwanz.	*Kletterbewegung von unten nach oben – Sprünge vor-, rück- und seitwärts – in die Hocke gehen, 3-mal um sich selbst drehen, Wange auf die zusammengelegten Hände legen*

Kinder lernen Waldtiere kennen

Eule (Uhu)

Ausmalvorlage/Steckbrief

Tiergruppe	Vogel
Systematik/ Verbreitung	Die etwa 215 Eulenarten sind weltweit verbreitet, außer in der Antarktis sowie auf einzelnen Inseln. Von den 13 europäischen Eulenarten leben folgende Arten in Deutschland: der Uhu als größte Eule der Welt, Waldkauz, Sumpf-, und Waldohreule, mit dem Sperlingskauz die kleinste Eule Europas, Steinkauz, Rauhfußkauz, Schleiereule.
Aussehen/Merkmale	Unverwechselbares Merkmal ist das „Eulengesicht": dicker Kopf, große, nach vorn gerichtete Augen, kräftiger Hakenschnabel und zwei Federkränze um die Augen, die man Gesichtsschleier nennt. Die Waldohreule und der Uhu haben auffällige Federohren. Die Krallenfüße sind gefährliche Waffen beim Beutefang. Die Eule kann mit ihrem Kopf eine Dreivierteltumdrehung machen; so kann sie auch nach hinten sehen.
Lebenserwartung	In freier Natur können Eulen ungefähr folgendes Alter erreichen: Waldohreule 28 Jahre; Schleiereule 22 Jahre; Uhu 20 Jahre; Waldkauz 18 Jahre; Stein- und Rauhfußkauz 15 Jahre; Sumpfohreule 12 Jahre; Sperlingskauz 7 Jahre.

Eule (Uhu)
Steckbrief

Lebensraum	In Deutschland unterschiedlich: Uhus bewohnen bewaldete und offene Flächen oder Flusslandschaften mit steilen Felsen. Sie brüten auf Felsen, am Boden oder in ausgedienten Greifvögelhorsten. Andere Eulenarten, wie Waldkauz und Waldohreule, mögen Wälder, Parks, Friedhöfe und Gärten. Die Sumpfohreule lebt in feuchtem Gelände. Steinkäuze bevorzugen Wiesenlandschaften mit Kopfweiden oder Obstbäumen.
Nahrung	Mäuse, Käfer, Frösche, Fische, Schlangen, Igel, Feldhasen, Wiesel, Marder, Vögel, Ratten
Fressfeinde	Greifvögel; große Eulen jagen auch kleinere Eulen.
Verteidigung	Wenn ein Uhu gestört wird, nimmt er eine Drohhaltung ein: Mit weit aufgerissenen Augen, gesträubtem Gefieder und aufgefächerten, nach vorn gedrehten Flügeln klappert er mit dem Schnabel; der Feind ist überrascht, die Eule flüchtet.
Sinnesorgane	Eulen haben ein hervorragendes Gehör. Der Gesichtsschleier fängt die leisesten Geräusche ein und leitet sie zu den Ohren. Eulen können außerdem räumlich hören. Sie können genau feststellen, aus welcher Richtung und Entfernung eine Maus piepst. Auch das Sehvermögen ist sehr gut, sie sehen am Tag und in der Nacht.
Aktivitätszeit	Die meisten Eulen sind dämmerungs- und nachtaktiv. Schneeeule, Sperbereule, Stein- und Sperlingskauz jagen auch tagsüber.
Revierverhalten	Um ihr Revier abzugrenzen, lassen Eulen ihren Reviergesang ertönen. Der Uhu ruft „buoh" und „hohu", der Sperlingskauz „pjü", der Steinkauz „kuwitt", der Waldkauz „huu-huhuhu-huu".
Überwinterung	Eulen bleiben in ihrem Lebensraum und sind ganzjährig aktiv.
Nachwuchs	Im zeitigen Frühjahr locken die Männchen mit ihren Balzrufen nachts ein Weibchen an. Abgesehen von der Sumpfohreule bauen Eulen keine eigenen Nester. Je nach Art wählen sie als Brutplatz (Baum)höhlen, alte Krähen-, Elster-, oder Greifvogelnester, Felsen oder den Boden. Die Eier werden im Abstand von 2 oder 3 Tagen gelegt. Die Brutdauer beträgt etwa einen Monat. Mit Ausnahme der Schleiereulen verlassen die Jungeulen das Nest lange, bevor sie fliegen können. Weil sie dann in den Ästen sitzen, nennt man sie auch „Ästlinge". Sie werden von den Eltern versorgt, bewacht und verteidigt, bis sie richtig fliegen und jagen können. Im Herbst suchen sich die Jungeulen ein eigenes Revier.

Eule (Uhu)

Sachgeschichte

„Buoh, buoh!", rufe ich durch die kalte Februar-Nacht. Ich bin ein Uhu, die größte Eule der Welt. Ich habe große Augen und sehr gute Ohren. An meinen Füßen trage ich scharfe Krallen, mit denen ich meine Beutetiere gut packen kann. Mit meinem starken Hakenschnabel versetze ich meinem Opfer einen schnellen, tödlichen Biss in den Nacken. Mein Federkleid ist so gebaut, dass ich lautlos durch die Nacht fliegen kann. Das ist für die Jagd auch sehr wichtig: Wenn ich mit meinen Flügeln laut flattern würde, wären die Beutetiere gewarnt. Dann könnten sie rechtzeitig Reißaus nehmen. Tagsüber sitze ich auf einem Ast und schlafe. Als Uhumann bin ich deutlich kleiner als meine Uhufrau.

„Buoh, buoh!", rufe ich wieder durch den Wald. Jeder soll hören, dass hier mein Revier ist. Wo ist eigentlich meine Frau? „Buoh, buoh, wo bist du?", rufe ich sehnsüchtig. Endlich höre ich sie antworten: „Ho-hu, ho-hu!" Dabei krächzt und gluckst sie so schön. Da kommt sie angeflogen, ich freue mich riesig. Wir fliegen zusammen auf einen Ast. Wie jedes Jahr sind wir sehr verliebt, und bald werden wir auch Nachwuchs haben. „Hallo, mein Uhumännchen, ich habe schon einen Nistplatz für uns gefunden", berichtet sie mir stolz. „Ausgezeichnet!", lobe ich meine Uhufrau. Zusammen fliegen wir zu dem Nistplatz, den meine Frau ausgesucht hat. Es ist eine kleine Nische auf einem großen Felsen. Ich bin sehr zufrieden.

Die Wochen vergehen. Endlich ist es Frühling. Anders als andere Vögel bauen wir keine Nester. Deshalb legt meine Frau drei große weiße Eier direkt auf den Felsen. Volle fünf Wochen muss sie nun auf den Eiern sitzen. Eines Tages, als wir gerade unser Nachmittagsschläfchen halten, kommt ein Habicht angeflogen. Dem werde ich es zeigen! Ich reiße die Augen weit auf, klappere mit dem Schnabel und stelle meine Federn auf. Der Habicht erschreckt sich und sucht schnell das Weite. „Du hast ja richtig furchterregend ausgesehen", krächzt meine Frau beeindruckt. Zufrieden schlafen wir weiter.

Als es Abend ist, breite ich meine Flügel aus und gleite lautlos durch die Nacht. Ich „sperre" meine Augen und Ohren auf. Auf einmal höre ich deutlich ein Piepsen. Blitzschnell fliege ich zum Boden, ergreife mit meinen Krallen die Maus und beiße ihr mit meinem Schnabel in den Nacken. Stolz lege ich meiner Uhfrau die tote Maus vor die Füße. Anstatt mich zu loben, beschwert sie sich: „Schon wieder eine Maus! Kannst du nicht mal andere Tiere fangen? Ich bin doch keine Waldohreule, die nur Mäuse frisst. Ich brauche mehr Abwechslung, Vögel, Frösche, Eidechsen, Käfer, Würmer, Ratten …" „Jetzt höre bitte auf zu meckern", rufe ich ein wenig gekränkt und verschlinge selbst die Maus. Ich gehe erneut auf Jagd.

Eule (Uhu)

Sachgeschichte

Als ich gerade meinem Uhuweibchen einen Frosch servieren möchte, wird es mir ganz komisch im Bauch. Ich reiße meinen Schnabel auf. Dann würge und spucke ich das Fell, die Haut und die Knochen der Maus, die ich vor ein paar Stunden verschlungen habe, wieder heraus. „Oh, entschuldige, meine Liebe, ich wollte dir mit meinem Gewölle nicht den Appetit verderben", stammle ich schuldbewusst. „Das ist doch ganz normal", beruhigt mich meine Frau und verschlingt gierig den Frosch.

Auf einmal hören wir ein Klopfen. Wir drehen uns um. Das erste Junge schlüpft gerade aus seinem Ei. Bald kommen auch die anderen beiden. „Sind sie nicht süß, unsere kleinen Federbällchen?", rufe ich stolz. „Gott sei Dank ist das lange Brüten vorbei", erwidert meine Frau, „ich hole den Kleinen gleich etwas zu fressen." Kurze Zeit später kommt sie mit einigen Käfern und Würmern zurück. Unsere Uhubabys reißen den Schnabel auf und verschlingen die Beute.

Mit einigen Wochen beginnen die Kleinen, lebendig herumzuhüpfen. „Was macht ihr denn hier Schönes?", frage ich sie neugierig. „Wir üben das Jagen", antwortet mir meine Tochter, „schau uns doch mal zu!" Mit hocherhobenen Flügeln stürzen sich die Uhukinder auf ein herumliegendes Stück Fleisch. „Ihr werdet ja sehr gute Jäger werden", lobe ich sie, „übt nur schön weiter."

Mit sieben Wochen entdecken sie die Umgebung im Wald, obwohl sie noch gar nicht fliegen können. Dabei lassen wir sie nicht aus den Augen. Wir passen gut auf sie auf, denn andere Tiere fressen gerne kleine Eulen.

Einige Zeit später haben unsere Kinder das Fliegen gelernt und dürfen mit uns auf die Jagd gehen. Wir bringen ihnen bei, wie man Beute schlägt.

Als wir eines Nachts am Rande unseres Reviers entlangfliegen, entdeckt plötzlich eines unserer Eulenkinder einen Waldkauz und ruft: „Hallo, kleiner Vogel, wie heißt du denn?" „Meinst du etwa mich?", antwortet der Waldkauz beleidigt. „Ich bin eine Eule, genauso wie ihr." „Sind denn Eulen nicht größer?", fragt mein Sohn beharrlich weiter. „Da täuscht du dich aber! Es gibt sehr große Eulen, so wie euch Uhus, aber auch kleinere, die so groß sind wie ein Spatz", belehrt ihn der Waldkauz. „Wisst ihr eigentlich, dass wir Waldkäuze die häufigsten Eulen in ganz Deutschland sind?", fragt uns der Waldkauz stolz.
Das haben wir nicht gewusst. Freundlich verabschieden wir uns vom Waldkauz und fliegen gut gelaunt in die Nacht.

Kinder lernen Waldtiere kennen

Eule (Uhu)

Bilderquiz

---

1. Wie packt die Eule ihre Beute?

a) ☐ mit ihren scharfen Krallen

b) ☐ mit ihren Flügeln

2. Was macht die Eule tagsüber?

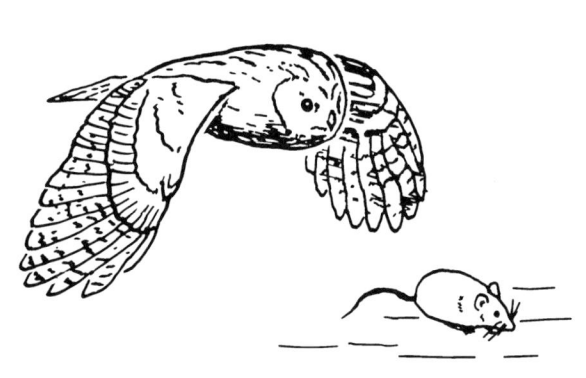

a) ☐ Sie geht auf Mäusejagd.

b) ☐ Sie sitzt auf einem Ast und schläft.

Kinder lernen Waldtiere kennen

Eule (Uhu)

Bilderquiz

3. Was frisst die Eule?

a) ☐ Baumzapfen

b) ☐ Mäuse, Vögel und Frösche

4. Die Eule frisst eine Maus. Was spuckt sie hinterher aus?

a) ☐ Sie spuckt die ganze Maus wieder aus.

b) ☐ Sie spuckt die Haut, das Fell und die Knochen als Gewölle wieder aus.

Kinder lernen Waldtiere kennen

Eule (Uhu)

Textquiz

1. Warum ist die Eule eine sehr gute Jägerin?

a) ☐ Sie hat große Augen und sehr gute Ohren.
b) ☐ Sie hat große, scharfe Zähne.
c) ☐ Sie gleitet lautlos.

2. Was macht die Eule nachts?

a) ☐ Sie jagt Mäuse.
b) ☐ Sie sitzt auf einem Ast und schläft.
c) ☐ Sie schärft ihre Krallen.

3. Wo ziehen die Eulen ihre Jungen auf?

a) ☐ Sie bauen ein schönes Nest.
b) ☐ Sie bauen kein Nest und legen ihre Eier zum Beispiel auf Felsen.
c) ☐ Sie kümmern sich nicht um ihre Jungen. Die Eier legen sie anderen Vögeln ins Nest.

4. Die Eule wird in ihrem Versteck von einem Habicht überrascht. Was tut sie?

a) ☐ Sie klappert mit dem Schnabel und stellt ihre Federn auf.
b) ☐ Sie spielt mit dem Habicht fangen.
c) ☐ Sie stößt den Habicht mit ihrem Schnabel vom Ast.

5. Wie fängt die Eule ihre Beute? Bringe alles in die richtige Reihenfolge. Nummeriere von 1 bis 3!

a) ☐ Sie greift das Tier mit den Krallen und hält es fest.
b) ☐ Sie gleitet lautlos und hält nach Beute Ausschau.
c) ☐ Sie beißt das Tier mit dem Schnabel tot.

6. Welche Tiere frisst die Eule?

a) ☐ Bären und Wildschweine
b) ☐ Vögel und Mäuse
c) ☐ Käfer und Würmer

7. Was macht die Eule mit ihrer Beute?

a) ☐ Sie reißt sie in ganz kleine Stücke.
b) ☐ Sie verschlingt das Tier im Ganzen.
c) ☐ Sie spuckt Fell, Haut und Knochen als „Gewölle" wieder heraus.

Kinder lernen Waldtiere kennen

Eule (Uhu)

Bewegungsgeschichte

Text	Bewegungsvorschläge
Am Nachmittag sitzt die Eule auf ihrem Ast und schläft. Es wird langsam dunkel. Die Eule schlägt die Augen auf und streckt ihre Krallen weit von sich. Mit großen Augen schaut sie sich um.	*im Stehen Hände falten und Kopf darauf legen – Augen öffnen, Finger von sich strecken – Finger wie eine Brille kreisförmig vor Augen, Kopf drehen*
Sie breitet ihre Flügel aus und fliegt lautlos in die Nacht hinein. Immer wieder gibt sie Schreie von sich: „Hohu, hohu …" Ihre Ohren hat sie weit aufgesperrt. Wo sind denn die kleinen Mäuschen?	*Arme ausbreiten, durcheinanderlaufen – mehrmals „hohu" rufen – Hände hinter die Ohren, um sie größer erscheinen zu lassen.*
Da! Ein Rascheln auf der Erde. Blitzschnell stürzt die Eule nach unten und krallt sich die Maus. Mit ihrem scharfen Schnabel hackt sie darauf. Sie fliegt auf einen Ast und verschlingt die Beute mit Haut und Haaren. Dann geht sie wieder auf Jagd.	*Oberkörper nach unten beugen, mit Händen „Beute" krallen – Körper wieder aufrichten – Kopf ruckartig nach vorn – „weiterfliegen", stehenbleiben, „fressen" – Wiederholung*
Nun ruht sie sich etwas aus. Plötzlich taucht ein Fuchs auf. Die Eule droht ihm: Sie reißt die Augen weit auf, sträubt ihr Gefieder und klappert mit dem Schnabel. Zu Tode erschrocken ergreift der Fuchs die Flucht.	*Hände falten und Kopf darauf legen – Augen aufreißen, Arme ausbreiten und anspannen, Zähne aufeinanderschlagen – als Fuchs wegrennen*
Die Eule ist zufrieden. Sie putzt und kratzt sich. Auf einmal hat sie ein komisches Gefühl im Bauch: Das Gewölle muss noch aus ihrem Magen. Da kommt es auch schon. Die Eule spuckt es aus. Geschafft! Bald fliegt sie wieder in die Nacht.	*mit den Fingern überall am Körper herumzupfen – Hand auf den Bauch legen – Bewegung, als ob man brechen müsste – Arme ausbreiten und „losfliegen"*

Kinder lernen Waldtiere kennen

Fledermaus

Ausmalvorlage/Steckbrief

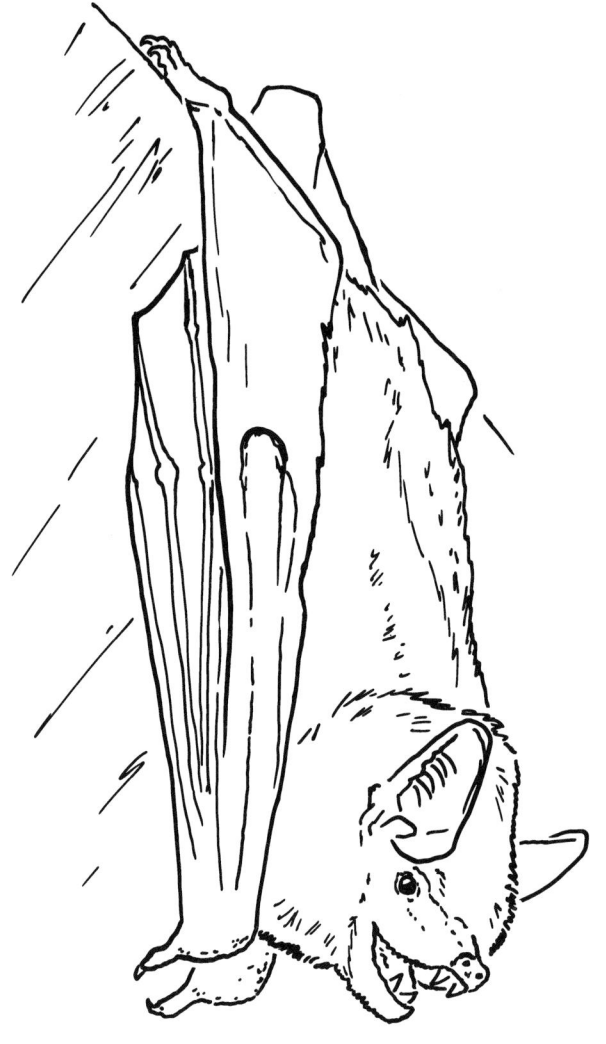

Tiergruppe	Säugetier
Systematik/ Verbreitung	Die Fledermäuse gehören mit den Flughunden zu den Fledertieren. Sie sind die einzigen Säugetiere, die fliegen können. Fledermäuse leben in fast allen Erdteilen. Insgesamt gibt es etwa 900 Fledermausarten, in Europa ungefähr 40. In Deutschland kommen folgende Arten recht häufig vor: Großes Mausohr, Fransenfledermaus, Wasserfledermaus, Kleiner und Großer Abendsegler, Zwergfledermaus, Braunes Langohr.
Aussehen/Merkmale	2 Beine mit je 5 Krallen; 2 Arme und einen Schwanz; je nach Art unterschiedlich geformte Ohren; stark ausgeprägte Eckzähne; Fellfarbe grau, braun oder schwärzlich. Zwischen den langen Knochen der Finger und der Mittelhand ist eine Flughaut aufgespannt. Sie zieht sich über die Arme und die Körperseiten bis zu den Beinen.
Lebenserwartung	Manche Arten werden 20–30 Jahre alt.

Kinder lernen Waldtiere kennen

Fledermaus

Steckbrief

Lebensraum	Wälder, Wiesen, an Teichen und Tümpeln, Dörfer, Städte; Schlafplätze je nach Art in Baumhöhlen, Felsen, Dachstühlen, Kuhställen, Gebäudespalten, Fledermauskästen. Sie verbringen warme und kalte Jahreszeit in unterschiedlichen Quartieren.
Nahrung	**Europäische Arten:** vor allem Insekten und Spinnen. **In anderen Kontinenten:** Frösche, Fische, kleine Säugetiere, Nektar, Früchte, Blut von Säugetieren und Vögeln.
Fressfeinde	in Europa vor allem Eulen
Verteidigung	Fühlen sie sich gestört, reißen sie drohend ihr Maul auf und schimpfen. Einige Arten stellen sich tot, wenn sie bedroht werden.
Sinnesorgane	Fledermäuse jagen mit dem Echo-Ortungssystem: Sie senden Ultraschall-Rufe aus dem geöffneten Maul, manche Arten aus der Nase. Trifft dieser Laut auf Beute, so kommt ein Echo zurück. Je später ein Echo das Ohr erreicht, desto weiter ist die Beute weg. Jedes Ohr empfängt unabhängig vom anderen das Echo. Die Fledermaus kann auswerten, mit welchem Zeitabstand die Echos ihre Ohren erreichen. So kann sie erkennen, wo sich die Beute befindet. Erreicht das Echo beispielsweise das linke Ohr eher als das rechte Ohr, so befindet sich die Beute links von ihr. Fledermäuse können schwarz-weiß sehen.
Aktivitätszeit	Die meisten Fledermäuse sind dämmerungs- und nachtaktiv. Tagsüber schlafen sie in ihrem Quartier.
Revierverhalten	Fledermäuse des gleichen Sommerquartiers jagen in unterschiedlichen Jagdgebieten, weil es sonst zu wenig Nahrung gäbe.
Überwinterung	Da es in der kalten Jahreszeit nicht genug zu fressen gibt, halten Fledermäuse einen Winterschlaf. Als Winterquartier suchen sie sich meist eine frostfreie Höhle mit gleichbleibender Temperatur. Manche Arten fliegen mehrere hundert Kilometer in den Süden.
Nachwuchs	In Deutschland paaren sich die meisten Fledermäuse noch im Winterquartier. Danach bilden die Weibchen Gruppen von 10–1000 Tieren, die Wochenstuben. In diesen Gruppen werden die Jungen geboren und aufgezogen. Nach 40–70 Tagen Tragzeit werden ein, selten zwei Babys geboren. Sie sind nackt, haben jedoch schon Milchzähnchen. Vier bis sechs Wochen werden sie von ihrer Mutter gesäugt. Nachts unterbrechen die Mütter dafür ein- oder mehrmals die Jagd. Ab August/September werden die Jungen selbstständig und suchen auch alleine ihren Überwinterungsplatz.

Fledermaus

Sachgeschichte

Guten Abend! Darf ich mich vorstellen? Ich bin ein Abendsegler, und gehöre zu den vielen Fledermausarten, die abends und nachts durch die Luft jagen. Ich kann zwar fliegen, bin aber trotzdem kein Vogel, sondern ein Säugetier. Ich lege nämlich keine Eier, sondern bringe lebende Babys zur Welt, die ich mit Muttermilch säuge. Genauso wie ihr Menschen auch.
Mit meinen zusammengefalteten Flügeln bin ich nicht größer als eine Menschenhand. Ich habe ein hellbraunes, kurzes Fell, lange schmale Flügelhäute, spitze Zähne und kurze Ohren. Wir Fledermäuse können zwar keine Farben sehen, aber blind sind wir nicht.

Gerade geht die Sonne unter. Wie jeden Abend werde ich jetzt zu meiner nächtlichen Jagd aufbrechen. Hui, ich habe mich in die Lüfte geschwungen, jetzt bin ich schon über den Bäumen. Wir Abendsegler jagen hoch über den Bäumen nach Insekten. Wir finden uns gut im Dunkeln zurecht.

Dabei hilft uns etwas, das ihr Menschen „Echo-Ortungssystem" genannt habt. Ich möchte euch das kurz erklären: Während ich fliege, sende ich aus meinem geöffneten Maul einen Suchlaut aus. Stößt dieser Laut auf ein Insekt, so kommt ein Echolaut zu mir zurück. Nun weiß ich, dass in der Nähe ein Insekt fliegt. Ich habe das Insekt geortet.

Kommt kein Echo zurück, so ist kein Insekt in der Nähe. „Hallo, Insekten, wo seid ihr denn?" Ich habe jetzt schon viele Laute hintereinander ausgestoßen, aber es kommt einfach nichts zurück. Immer wieder und wieder muss ich Suchlaute von mir geben. Seid mal still! Gerade ist ein Echo zu mir zurückgekommen, nämlich an mein linkes Ohr. Ich steuere etwas nach links. Ich stoße noch mehr Echo-Ortungsrufe aus. Jetzt weiß ich genau, wo sich das Insekt befindet. Hier, direkt vor mir, ein Nachtfalter. Mit meinem Flügel hole ich mir den Falter wie mit einem Fangnetz heran und schiebe ihn mir ins Maul. Mmh! Lecker!

Jetzt bin ich aber noch lange nicht satt. Fast die ganze Nacht fliege ich und fange Beute. Im freien Luftraum zu jagen, ist noch ziemlich einfach: Wenn ein Echo zu mir zurückkommt, weiß ich, dass es Beute ist. Denn andere Dinge schwirren hier oben nicht herum.

Viel schwieriger ist es jedoch, im Wald zu jagen. Fledermäuse, die mitten durch den Wald fliegen, müssen die Echos von Beutetieren von den Echos der Bäume unterscheiden. Was sehe ich denn da! Unter mir im Wald jagt gerade eine Fransenfledermaus. „Hallo, Franz", begrüße ich ihn,

Kinder lernen Waldtiere kennen

Fledermaus

Sachgeschichte

„welche Leckerbissen hast du dir denn schon geschnappt?" „Zwei dicke Spinnen und einen Schmetterling", gibt Franz Auskunft. „Bist du eigentlich schon mal gegen einen Baum geknallt?", frage ich neugierig. „Natürlich nicht!", piepst Franz mit etwas beleidigter Stimme. „Mein Echo-Ortungssystem funktioniert bestens! Ich kenne mein Jagdgebiet in- und auswendig. Und wenn Bäume ein Echo zurückgeben, kann ich das sehr gut vom Echo der Beutetiere unterscheiden. Außerdem fliege ich etwas langsamer als du." „Ich weiß doch, Franz, lass dich nicht ärgern", beruhige ich ihn und verabschiede mich.

Jetzt muss ich mich aber beeilen, mein Fledermausjunges wartet auf mich. Schnurstracks fliege ich zur Baumhöhle. Ich lebe hier nicht allein. Viele andere Abendseglerweibchen wohnen hier bis zum Winter und kümmern sich um ihren Nachwuchs. Diesen Ort, an dem wir Weibchen unsere Jungen bekommen und großziehen, nennt man Wochenstube.

„Freddi, mein kleiner Junge, wo bist du?", rufe ich liebevoll durch den Höhleneingang. Hier hängt er ja, kopfüber, wie alle anderen Fledermäuse. Zur Begrüßung lecke ich seinen Körper. Er klammert sich mit seinen Hinterfüßen an meinen Bauch und saugt die Milch aus meinen Zitzen. Noch ist Freddi nackt, erst am zwölften Tag beginnt das Fell zu wachsen. „Nur saugen, nicht beißen", ermahne ich den Kleinen. Er hat nämlich schon Milchzähnchen. Nachdem Freddi fertig getrunken hat, breche ich wieder zur Jagd auf. Freddi hängt sich kopfüber an die Wand und kuschelt sich an die anderen Fledermauskinder. Je mehr sie sich gegenseitig wärmen, desto schneller wachsen sie.

Ein paar Wochen später ist es endgültig an der Zeit, meinem Kind Flug- und Jagdunterricht zu erteilen. Ich locke ihn zum Höhlenausgang: „Freddi, flattern!", rufe ich ihm aufmunternd zu. Etwas zögerlich breitet er seine Flügelchen aus und flattert. „Das geht ja schon wunderbar!", lobe ich ihn. Plötzlich erhebt er sich in die Lüfte. „Bravo, Freddi, so ist es gut!", rufe ich voller Begeisterung. Wir brechen zur gemeinsamen Jagd auf. Auch hier lernt Freddi schnell, wie man Insekten fängt.

Es ist August geworden. Wir Abendsegler verlassen bald unsere Baumhöhle und fliegen einige hundert Kilometer in den Süden. Dort verbringen wir den Winter. Hoffentlich finden wir dort eine Baumhöhle, in der wir alle Platz haben. Unser Winterquartier darf nicht zu kalt und nicht zu warm sein. Es muss auch ein ruhiger Ort sein, an dem wir nicht gestört werden. Im Herbst müssen wir uns noch ein Fettpolster anfressen, damit wir den Winterschlaf gut überstehen. Im Frühling fliegen wir dann wieder in unser Sommerquartier. Tschüß, liebe Kinder, ich fliege jetzt in den Süden zu meinem Winterquartier. Es fliegen aber nicht alle Fledermäuse so weit weg. Einige Arten bleiben hier zum Überwintern. Wenn ihr im Winter hier eine Fledermaus beim Schlafen entdeckt, dann stört sie nicht. Vielen Dank!

Kinder lernen Waldtiere kennen

Fledermaus

Bilderquiz

1. Wann geht die Fledermaus auf Jagd?

a) ☐ am Abend und in der Nacht

b) ☐ mittags, wenn die Sonne scheint

2. Die Fledermaus möchte ein Insekt fangen. Wie findet sie das Tier?

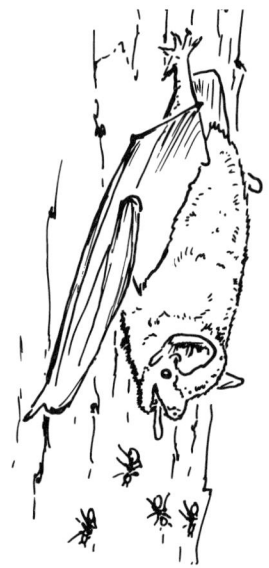

a) ☐ Sie klettert einen Baumstamm hinunter und leckt mit ihrer Zunge Ameisen auf.

b) ☐ Sie stößt mit offenem Maul einen Suchlaut aus und wartet, bis ein Echo zurückkommt.

Kinder lernen Waldtiere kennen

Fledermaus

Bilderquiz

3. Wohnt die Fledermaus allein in ihrer Baumhöhle?

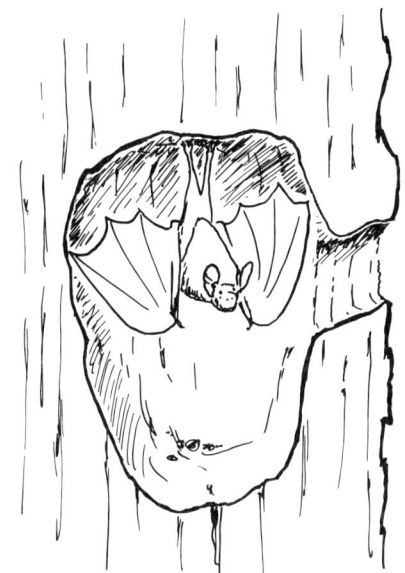

a) ☐ Ja, sie braucht viel Platz zum Schlafen.

b) ☐ Nein, sie lebt mit vielen anderen Fledermäusen zusammen.

4. Füttert die Fledermaus-Mama ihr Kind?

a) ☐ Nein, es kann sofort nach der Geburt Insekten fangen.

b) ☐ Ja, sie gibt ihm Milch zu trinken.

Kinder lernen Waldtiere kennen

Fledermaus

Textquiz

1. Zu welcher Tierart gehören Fledermäuse?

a) ☐ Da Fledermäuse fliegen können, sind sie Vögel.

b) ☐ Fledermäuse bringen lebende Junge zur Welt und säugen sie. Sie sind also Säugetiere.

c) ☐ Fledermäuse sehen mit ihren Flughäuten wie Flugsaurier aus. Sie gehören zu den Reptilien.

2. Sind Fledermäuse blind?

a) ☐ Ja, sie können nichts sehen.

b) ☐ Nein, sie haben die besten Augen von allen Tieren.

c) ☐ Nein, sie können aber keine Farben sehen.

3. Wovon ernähren sich Fledermäuse, die bei uns wohnen?

a) ☐ von Insekten und Spinnen

b) ☐ von Mäusen und Eichhörnchen

c) ☐ von Pflanzen und Kräutern

4. Was tut die Fledermaus beim Jagen als Erstes?

a) ☐ Sie wartet auf ein Echo.

b) ☐ Sie stößt einen Suchlaut aus.

c) ☐ Sie schiebt ein Insekt mit dem Flügel ins Maul.

5. Was ist eine Wochenstube?

a) ☐ der Ort, an dem Fledermausweibchen ihre Jungen bekommen und aufziehen

b) ☐ das Winterquartier der Fledermausmännchen

c) ☐ der Ort, an dem die Fledermaus am liebsten jagt

6. Wohnen Fledermäuse das ganze Jahr über am gleichen Ort?

a) ☐ Ja, sie leben immer in der gleichen Höhle.

b) ☐ Nein, Fledermäuse suchen sich im Sommer andere Orte als im Winter.

c) ☐ Nein, sie ziehen jeden Tag um.

7. Fledermäuse halten einen Winterschlaf. Was ist für sie dabei wichtig?

a) ☐ Sie dürfen nicht gestört werden.

b) ☐ Es darf nicht zu kalt und nicht zu warm sein.

c) ☐ Jede Fledermaus braucht eine Höhle für sich allein zum Überwintern.

Kinder lernen Waldtiere kennen

Fledermaus

Bewegungsgeschichte

Text	Bewegungsvorschläge
Es ist Sommer. Wir Fledermäuse hängen kopfüber in unserer Baumhöhle. Wir kuscheln uns richtig aneinander. Die Sonne geht unter, und wir erwachen. Wir breiten unsere Flügel aus und verlassen unsere Höhle.	*Kinder stehen eng aneinander, kopfüber gebeugt, Arme nach oben zeigend – aufrichten – Arme ausbreiten und durcheinanderlaufen*
Wir fliegen hoch über die Bäume. Immer wieder stoßen wir Suchlaute aus: „Piep, piep …" Mit dem rechten Ohr fangen wir ein Echo auf. Das Insekt muss rechts von uns sein. Wir fliegen nach rechts. Ah, hier ist es: „Hamm!"	*immer wieder „piep" tönen – ans rechte Ohr fassen – Vierteldrehung nach rechts – bei „hamm" eine Hand zum Mund führen (= Insekt mit dem Flügel „keschern")*
Wir fliegen nach unten in den Wald hinein. Achtung Bäume! Rechtskurve, Linkskurve. Wir stoßen wieder Suchlaute aus: „Piep, piep …" Viele Echos kommen zurück. Das letzte Echo war von einer Spinne. Erwischt!	*weiter durcheinanderlaufen mit Rechts- und Linkskurven – „piep" rufen – Hände abwechselnd an die Ohren – bei „Erwischt!" eine Hand zum Mund*
Die Sonne geht auf. Wir fliegen zurück zu unserer Baumhöhle. Jetzt bekommen die Jungen Milch. Sie saugen und schmatzen an der Brust. Dann hängen wir uns kopfüber an die Decke und schlafen bis zum nächsten Abend.	*Kinder „fliegen" zum Ausgangspunkt zurück – saugen und schmatzen – kopfüber gebeugt, Arme nach oben zeigend, dicht aneinander gedrängt – still sein*
Es ist August geworden. Wir brechen zu unserem Winterquartier auf. Zuerst fliegen wir über einen See. Während wir fliegen, trinken wir Wasser. Schlürf, schlürf … und jetzt ab in den Süden! 100 km, 200 km, 300 km, 400 km, 500 km, 600 km. Hurra! Wir sind angekommen.	*sich aufrichten, Arme ausbreiten – in gerader Linie laufen, dabei Kopf nach unten und Schlürfgeräusche – „weiterfliegen" – bei „hurra" Arme über den Kopf und stehenbleiben*
Bevor wir unseren Winterschlaf halten, müssen wir noch viele Insekten fressen. Vollgefressen fliegen wir zu unserer Höhle. Kopfüber hängen wir uns an die Decke. Tief und fest schlafen wir bis zum nächsten Frühjahr.	*„fliegen" – Insekten „keschern" – Kinder stellen sich dicht aneinander, kopfüber gebeugt, Arme nach oben zeigend – still sein*

Kinder lernen Waldtiere kennen

Fuchs

Ausmalvorlage/Steckbrief

Tiergruppe	Säugetier
Systematik	Füchse gehören innerhalb der Gruppe der Raubtiere zu den **Hundeartigen**. Die Fuchsart in Mitteleuropa heißt Rotfuchs. Der weibliche Fuchs wird **Fähe**, der männliche **Rüde** genannt, Jungtiere heißen **Welpen**.
Verbreitung	Nordamerika, Europa, Nordafrika, Asien, Australien
Aussehen/Merkmale	schmale Kopfform; spitze Schnauze; rötliches, dichtes Fell; langer, buschiger Schwanz; Unterseite von Schnauze und Körper weiß; die unteren Teile der Beine sind schwarz; um die Schnauze Tasthaare; spitze, vielseitig verwendbare Zähne
Lebenserwartung	ungefähr 12 Jahre
Lebensraum	Der Fuchs kann sich gut unterschiedlichen Lebensräumen und Bedingungen anpassen. Er braucht nur genügend Nahrung, Verstecke und einen Ort, um seine Jungen aufzuziehen. Fuchsbaue liegen in Wäldern, Wiesen, Feldern, unter Hecken, und manchmal siedeln sich Füchse sogar in Städten an.

Fuchs
Steckbrief

Nahrung	Mäuse, Feldhasen, Kaninchen, Vögel, Regenwürmer, Käfer, Aas, Obst und Beeren
Fressfeinde	Wölfe, Luchse, Steinadler. Weil diese Tiere in Europa selten sind, stellen sie kaum eine Bedrohung dar. Junge Füchse werden manchmal von Uhus angegriffen.
Verteidigung	scharfe Zähne
Sinnesorgane	Der Geruchsinn ist am besten ausgeprägt, aber auch Seh- und Gehörsinn funktionieren hervorragend.
Aktivitätszeit	Der Rotfuchs ist in der Dämmerung und in der Nacht aktiv. Meist schläft er tagsüber in einem oberirdischen Versteck und manchmal, vor allem bei nassem Wetter, auch in seinem Bau. Nachts geht er auf Beutefang. Bei seinem nächtlichen Rundgang kontrolliert er seine Revier-Markierungen. Zwischendurch legt er kleine Ruhepausen ein.
Revierverhalten	Wenn sich ein Fuchs ein Gebiet erobert hat, bleibt er dort meistens sein Leben lang wohnen. Er markiert sein Revier wie ein Hund beim „Gassi-Gehen": Er bleibt immer wieder stehen, schnüffelt umher, hebt sein Bein und gibt aufdringlich riechende Urinspritzer ab. Fremde Füchse umgehen das Revier und suchen sich ein anderes Gebiet.
Überwinterung	Im Herbst wächst dem Fuchs ein dichter Pelz. Er geht das ganze Jahr über auf Jagd und hält keinen Winterschlaf.
Nachwuchs	Da Füchse den größten Teil des Jahres alleine leben, müssen sich Männchen und Weibchen erst finden. Im Januar oder Februar sendet die Fähe Duftlockstoffe aus. Wenn ein Rüde diesen Duft riecht, antwortet er mit einem typischen Gebell. Nach der Paarung bleibt der Rüde beim Weibchen, versorgt sie mit Futter und hilft bei der Aufzucht der Jungen mit. Im Fuchsbau werden meist 3–5 Junge geboren. Sie sind maulwurfsklein und haben ein dunkles Fell. Die Augen sind noch geschlossen. Sobald die kleinen Füchse Milchzähne bekommen, kauen sie auf Fleisch herum. Die Welpen spielen viel und kämpfen um die Rangordnung. Nach 4 Wochen verlassen sie zum ersten Mal den Bau, nach 4 Monaten sind sie selbstständig. Den ganzen Sommer bleibt die Familie zusammen. Im Herbst müssen die Jungfüchse aus dem Revier ihrer Eltern auswandern und sich eigene Jagdgebiete suchen.

Kinder lernen Waldtiere kennen

Fuchs

Sachgeschichte

Es ist Nacht, und es regnet in Strömen. Gerade durchstreife ich mein Revier. Das ist das Gebiet, in dem ich nachts auf Jagd gehe. Mein Revier gehört mir ganz alleine, andere Füchse will ich hier nicht sehen. Damit alle wissen, dass ich hier wohne, hebe ich ab und zu mein Bein und „pinkle" überallhin. Andere Füchse riechen diesen starken Duft und verziehen sich. Eines Nachts hatte sich ein junger Fuchs, der das noch nicht wusste, in mein Revier verirrt. Er schnüffelte umher und murmelte vor sich hin: „Was stinkt denn hier so fürchterlich, igitt!" „Hier stinkt es überhaupt nicht, du kleines Füchslein", antwortete ich ärgerlich, „dir werde ich es zeigen!" Mit gesträubten Haaren ging ich kampfeslustig auf den Eindringling zu. Ich rempelte ihn an und versuchte, ihn wegzudrücken. Dann packte ich den Fuchs am Hals und biss hinein. Daraufhin duckte er sich auf den Boden und winselte: „Ich ergebe mich freiwillig, lass mich bitte in Ruhe!" Ich ließ ihn los, und er rannte blitzschnell davon. Er hatte gelernt, dass er um fremde Reviere besser einen großen Bogen macht. Das ist für alle Füchse wichtig. Mehrere Füchse in einem Gebiet hätten nicht genügend Nahrung.

Ich wandere weiter. Über Felder, Wiesen und Bäche. Sogar eine Straße überquere ich. Mein Magen ist leer, ich muss mir etwas zu fressen besorgen.

Da fällt mir plötzlich ein, dass ich vor einigen Tagen ein Kaninchen erlegt habe. Die Hälfte habe ich aufgefressen und die andere Hälfte habe ich in der Erde vergraben. Wo war denn nur die Stelle? Sie muss hier ganz in der Nähe sein. Hungrig schnüffle ich an verschiedenen Orten. Ja! Hier muss es sein. Ich rieche es ganz deutlich. Gespannt wühle ich mit meinen Pfoten in der Erde. Tatsächlich! Hier liegt das halbe Kaninchen. Gierig fresse ich es. Es schmeckt immer noch vorzüglich, beinahe so lecker wie Hühner und Gänse. Als Nachtisch hätte ich noch gerne einige Regenwürmer. Ich stelle meine Ohren auf. Da! Das muss ein Regenwurm sein, der sich durch die Erde wühlt. Ich packe ihn mit meinen Zähnen und reiße ihn hoch. Schwups, landet er in meinem Mund.

Als ich mir gerade einige Zwetschgen vom Baum schnappe, merke ich, dass mich ein männlicher Fuchs verfolgt. An seinem Bellen kann ich hören, dass er sich mit mir paaren möchte. Aber ob er wirklich der Vater von meinen Fuchsjungen werden darf, das muss ich mir erst eine Weile überlegen. Vierzehn Tage versucht er, mich als Partnerin zu gewinnen.

Fuchs

Sachgeschichte

Ich gebe nach, denn auch ich mag ihn inzwischen gern. Wir beknabbern unseren Pelz und lecken uns über das Gesicht. Wir gehören nun zusammen.

Es ist Frühling geworden. In wenigen Wochen werde ich Fuchsbabys bekommen. Es ist an der Zeit, einen geeigneten Bau zu finden. Plötzlich ruft mein Fuchsmann: „Schau mal, ein Loch in der Erde. Das könnte eine passende Höhle für unseren Nachwuchs sein." Ich krieche hinein. Ein langer Gang führt in eine große Kammer. Ein Dachs hatte den Bau gegraben, aber er lebt wohl nicht mehr hier. Ich bin mit der Höhle zufrieden, und wir ziehen sofort ein.

Eines Tages im April ist es so weit: Ich ziehe mich in die große Kammer zurück und bringe nacheinander fünf süße Welpen zur Welt. Nachdem ich sie sauber geleckt habe, lege ich die Kleinen an meinen Bauch. Sofort saugen sie an meinen Zitzen. Mit dem dunklen Fell und den geschlossenen Augen sehen meine kleinen Füchse eher wie Maulwürfe aus. In ein paar Wochen wird ihr Fell auch rot werden.

Mein Fuchsmann ist eine echte Hilfe. Er legt mir täglich vor den Eingang etwas zu fressen hin. Heute sind es frisch getötete Mäuse. Meine Fuchskinder haben mittlerweile Zähne bekommen. Sie kauen und knabbern an den Mäusen herum. Sie sollen sich an Fleisch gewöhnen.

Die Kleinen sind nun einen Monat alt. Heute dürfen sie das erste Mal aus dem Bau heraus. Sie beschnüffeln alles, was ihnen in den Weg kommt. Immer wieder spielen und toben sie. Ihr Lieblingsspiel ist es, sich an der Schwanzspitze zu ziehen: „Ätsch, du kriegst mich nicht!", brüllt das eine Fuchskind. „Hab dich doch schon", ruft das andere. „Alle zur Wiese kommen", rufe ich dazwischen, „ihr sollt lernen, wie man Mäuse fängt." Neugierig folgen mir die Kinder auf die Wiese. „Seht genau zu, wie ich es mache", fordere ich sie auf. Als Erstes lausche ich, ob ich eine Maus hören kann. Dann schaukle ich mit meinem Körper vor- und zurück, mache einen großen Sprung und lande mit meinen Vorderpfoten genau auf der Maus. Die Kinder sind beeindruckt. Sie versuchen, es sofort nachzumachen. Ein Fuchskind erwischt sogar eine Maus, die anderen müssen noch üben. Sicherlich schaffen sie es auch bald. Mit der Zeit werden meine Fuchskinder immer selbstständiger. Das ist auch notwendig. Schließlich müssen sie sich in einigen Monaten ein eigenes Revier suchen.

Kinder lernen Waldtiere kennen

Fuchs

Bilderquiz

---

1. Nach was gräbt der hungrige Fuchs in der Erde?

a) ☐ nach einem toten Kaninchen, das er vergraben hat

b) ☐ nach einem Maulwurf

2. Weshalb verfolgt ein männlicher Fuchs das Fuchsweibchen?

a) ☐ Er will das Weibchen ärgern und es am Schwanz ziehen.

b) ☐ Er möchte sich mit der Füchsin paaren.

Fuchs

Bilderquiz

---

3. Die Fuchskinder haben Zähne bekommen. An was kauen und knabbern sie?

a) ☐ an Pilzen

b) ☐ an Mäusen

4. Wie fangen Füchse Mäuse?

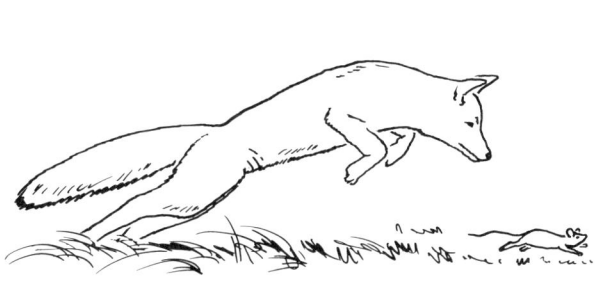

a) ☐ Sie springen und landen mit den Vorderpfoten auf der Maus.

b) ☐ Sie schleudern die Maus mit ihrem Schwanz durch die Luft.

Kinder lernen Waldtiere kennen

Fuchs

Textquiz

1. Wann geht der Fuchs auf die Jagd?

a) ☐ am Vormittag   b) ☐ in der Nacht   c) ☐ am Mittag

2. Warum „pinkelt" der Fuchs überallhin?

a) ☐ Er hinterlässt seinen Duft und kennzeichnet so sein Revier.
b) ☐ Der Fuchs trinkt während der Jagd viel und muss deshalb viel „pinkeln".
c) ☐ Er zeigt anderen Füchsen, dass er hier wohnt.

3. Was geschieht, wenn ein junger Fuchs in das Gebiet eines älteren Fuchses eindringt?

a) ☐ Sie erzählen sich Geschichten.
b) ☐ Sie jagen ab jetzt zusammen.
c) ☐ Der ältere Fuchs vertreibt den jüngeren Fuchs.

4. Der Fuchs hat sein Kaninchen nicht ganz aufgefressen. Was macht er mit dem Rest?

a) ☐ Er lässt ihn für andere Tiere am Boden liegen.
b) ☐ Er vergräbt ihn in der Erde.
c) ☐ Er frisst ihn einige Tage später auf.

5. Wo bringt die Füchsin ihre Jungen zur Welt?

a) ☐ im Hühnerstall   b) ☐ im Dachsbau   c) ☐ im Gebüsch

6. Wie sehen die Fuchsbabys aus?

a) ☐ Die Augen sind noch geschlossen, und sie haben ein dunkles Fell.
b) ☐ Die Augen sind geöffnet, sie haben ein rötliches Fell.
c) ☐ Die Augen sind geschlossen, sie sind ganz nackt.

7. Wie fängt der Fuchs eine Maus?

a) ☐ Er gräbt ein Loch und wartet, bis eine Maus hineinfällt.
b) ☐ Er gräbt mit seinen Pfoten in der Erde und zieht die Maus heraus.
c) ☐ Er macht einen großen Sprung und landet mit den Vorderpfoten auf der Maus.

Kinder lernen Waldtiere kennen

Fuchs

Bewegungsgeschichte

Text	Bewegungsvorschläge
Es ist Nacht geworden. Der Fuchs kommt aus seinem Bau. Die Pfoten sind aber schmutzig! Er leckt sie sauber. Nun marschiert er los. Überall hinterlässt er seinen Duft. Er pinkelt hierhin und dorthin.	*ein paar Schritte vorwärts laufen – Hand zum Mund und mit der Zunge Leckbewegungen in der Luft machen – durcheinanderlaufen – immer wieder ein Bein heben*
Plötzlich bleibt er stehen: Ein Hase sitzt auf der Wiese. Der Fuchs schleicht langsam heran. Doch der Hase rennt weg. So ein Mist! Mit seiner Pfote wühlt der Fuchs in der Erde. Ah! Wenigstens ein Regenwurm! Den frisst er auf.	*stehenbleiben – mit dem Finger nach vorne zeigen – anschleichen – wegrennen – in der Hocke mit den Händen am Boden wühlen – zum Boden beugen – kauen*
Jetzt geht der Fuchs auf Mäusejagd. Er stellt seine Ohren auf und hört auf jedes Geräusch. Plötzlich hört er ein Rascheln. Mit seinem Körper schaukelt er vor und zurück. Dann macht er einen Riesensprung, um auf der Maus zu landen. Oh nein! Sie entwischt!	*aufstehen und laufen – Hände an die Ohren – in Schrittstellung Gewicht mehrmals vor- und zurückverlagern – hochspringen und mit den Händen auf dem Boden landen*
Verdrossen läuft der Fuchs weiter. Auf einmal hört er seltsame Geräusche: Oing, oing, muh, miau. Ein Bauernhof ist in der Nähe. Leise schleicht der Fuchs sich an. Er öffnet die Stalltür und sieht ein schlafendes Huhn. Schnell schnappt er es und läuft damit weg. In Sicherheit! Er rupft es und frisst die Hälfte auf.	*umherlaufen – grunzen, muhen, miauen – anschleichen – „Tür" öffnen – Hände schnell öffnen und schließen (Huhn schnappen) – weglaufen und stehenbleiben – Rupfbewegung – Hand zum Mund, kauen*
Dann gräbt er ein Loch in die Erde. Er legt die Reste des Huhns hinein und schüttet das Loch zu. Das ist sein Vorrat für morgen. Vollgefressen und müde wandert er zu seinem Lieblingspflaumenbaum. Er springt hoch und schnappt sich ein paar Zwetschgen. Mmh, eine leckere Nachspeise! Nun klettert er den Baum hoch und legt sich auf einen Ast schlafen.	*in die Hocke gehen, mit den Händen „graben" – unsichtbares Huhn ins „Loch" legen, zuschütten – träge umherlaufen – hochspringen, dabei Mund öffnen und schließen – kauen – Kletterbewegung von unten nach oben – hinlegen und Augen schließen*

Anmerkung: *Füchse schlafen tatsächlich ab und zu auf einem Baum. Den Bau nutzen sie vor allem bei nassem Wetter und für die Aufzucht. Ansonsten bevorzugen Füchse als Schlafplatz oberirdische Verstecke.*

Kinder lernen Waldtiere kennen

Käfer (Wald-Mistkäfer)

Ausmalvorlage/Steckbrief

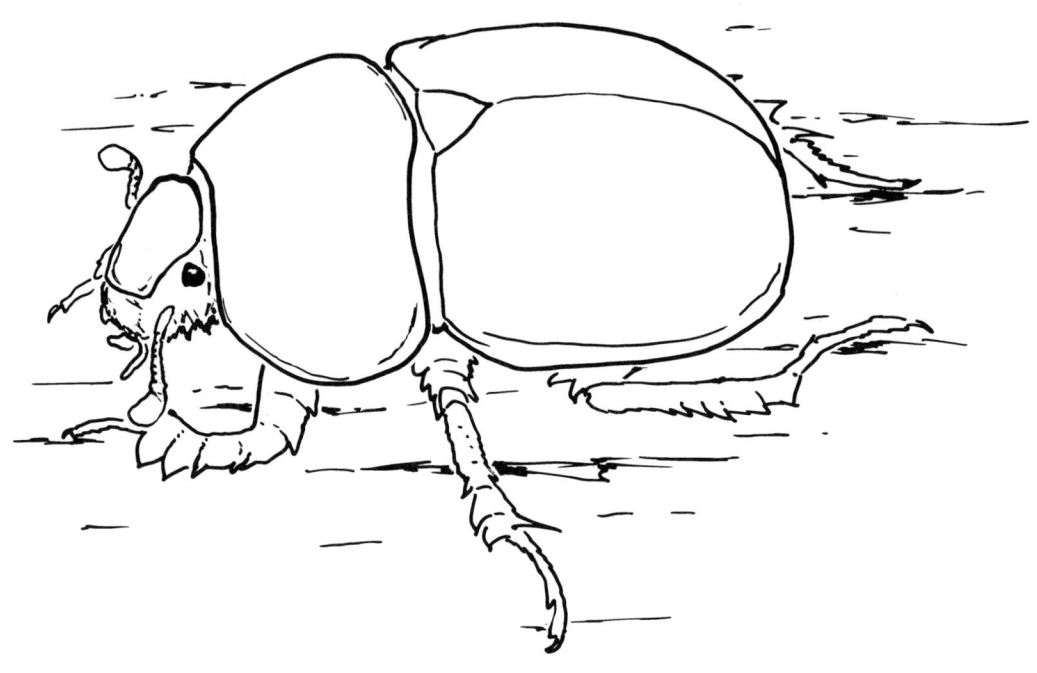

Tiergruppe	Insekt. Insekten sind die artenreichste Tiergruppe der Erde. Mit etwa 400 000 Arten bilden die Käfer die größte Ordnung innerhalb der Insekten.
Systematik	Innerhalb der Käfer unterscheidet man zwei große Gruppen: die „Räuber" und die „Allesfresser". Der Mistkäfer gehört zu den „Allesfressern".
Verbreitung	Etwa 5 600 Käferarten sind in Mitteleuropa verbreitet.
Aussehen/Merkmale	Wie alle Insekten haben auch Käfer einen dreigeteilten Körper: 1. Kopf mit Augen, einem Paar Fühlern und Mundwerkzeugen; 2. Brustabschnitt mit 3 Beinpaaren und häufig mit einem oder zwei Paar Flügeln; 3. Hinterleib mit Fortpflanzungsorganen. Brust und Hinterleib sind oft miteinander verwachsen. Der Wald-Mistkäfer ist 12–19 mm lang, hat eine blauschwarze Färbung mit metallisch glänzenden Flügeldecken. Die Unterseite glänzt blauviolett, der gesamte Körper ist stark gewölbt.
Lebenserwartung	je nach Art einige Wochen bis wenige Jahre; der Wald-Mistkäfer wird bis zu 3 Jahre alt
Lebensraum	Käfer haben nahezu alle Lebensräume erobert: Sie leben auf und unter der Erde, in schnell fließenden Bächen, in Flüssen und Seen, auf und in Pflanzen, manche sogar als „Gäste" in Ameisennestern. Der Wald-Mistkäfer lebt in Waldgebieten.

Käfer (Wald-Mistkäfer)

Steckbrief

Nahrung	Unter den Käfern gibt es Fleisch- und Pflanzenfresser. Lauf-, Schwimm- und Marienkäfer und Kurzflügler ernähren sich meist von Tieren; Bock-, Blatt- und Rüsselkäfer meist von Pflanzen. Es gibt auch Arten wie die Aaskäfer, die kleine Kadaver fressen, z.B. von Mäusen und Vögeln. Der Wald-Mistkäfer frisst Tier- und Menschenkot und verwesende Pilze.
Fressfeinde	Vögel, Spinnen, Wildschweine, Füchse, Igel, Marder, Fledermäuse
Verteidigung	Manche Käferarten geben übelriechende Flüssigkeiten ab. Andere erschrecken ihre Feinde durch eine auffallende Warnfarbe. Wieder andere sind durch ihr Äußeres gut getarnt.
Sinnesorgane	Käfer nehmen Düfte mit ihren Fühlern wahr; ihr Hörorgan liegt am Brustabschnitt oder am Hinterkörper. Wie die meisten Insekten, besitzen auch Käfer so genannte Facettenaugen. Sie setzen sich aus vielen hundert oder tausend einzelnen Augen zusammen, von denen jedes nur einen einzigen Bildpunkt abbildet. Alle Bildpunkte zusammen ergeben ein Gesamtbild.
Aktivitätszeit	Die Aktivität hängt stark von der Temperatur ab: Ist es warm, bewegen sie sich viel, ist es kalt, sitzen sie in ihren Verstecken.
Revierverhalten	gibt es nicht
Überwinterung	Käfer überwintern in Verstecken, die zum Beispiel im Boden, im Laub oder in Baumrinden liegen.
Nachwuchs	**1. Käfer allgemein:** Im Frühjahr oder Sommer legen Käfer ihre Eier entweder auf Pflanzen, unter die Erde, ins Holz oder sogar in Nüsse. Die aus dem Ei schlüpfende Larve ernährt sich von ihrer Umgebung, also von Pflanzen, Holz oder von der Nuss. Wenn die Eier unter der Erde liegen, sorgen die Eltern dafür, dass die Larve ein „Fresspaket" dabeihat, zum Beispiel Kot oder einen Kadaver. Nachdem sich die Larve mehrmals gehäutet hat, ruht sie einige Zeit als Puppe. Während dieser Zeit findet die vollständige Verwandlung zu einem Käfer statt. **2. Wald-Mistkäfer:** Männchen und Weibchen graben einen 30–40 cm tiefen Gang in den Boden. An diesem Hauptgang legen sie kurze Nebenstollen an, in die sie anschließend Kot füllen. Danach wird ein Ei dort abgelegt. Die Öffnung wird mit Erde oder Sand locker verschlossen. Die Larve ernährt sich von dem Kotvorrat, überwintert und frisst im nächsten Frühjahr den Rest. Im Sommer verpuppt sie sich, und der geschlüpfte Käfer kriecht über den Hauptgang hinaus ins Freie.

Kinder lernen Waldtiere kennen

Käfer (Wald-Mistkäfer)

Sachgeschichte

So ein Mist! Warum ist es so dunkel hier? „Hallo, ist da jemand?", rufe ich verwirrt. „Mama, Papa, wo seid ihr?" Keine Antwort. Ganz allein liege ich hier unter der Erde. Soeben bin ich als Larve aus einem Ei geschlüpft. Wenigstens haben mir Mama und Papa Käfer etwas zum Fressen hier gelassen: leckeren Tierkot. Ihr Menschen sagt auch manchmal „Scheiße" dazu.

Hungrig fresse ich ein bisschen davon. Schlaft ihr eigentlich auch auf eurem Essen? Nein? Ich schon! Dieser Tierkot dient mir als Bett und als Fressen.
Ich werde jetzt fast ein ganzes Jahr unter der Erde sein. So lange muss der Vorrat reichen. Meine Zeit verbringe ich mit Fressen und Schlafen. Schließlich muss ich schnell wachsen, damit ich auch einmal ein großer Käfer werde. Vor Feinden bin ich ganz gut geschützt, denn Mama hat das Ei tief unter der Erde abgelegt. Ich glaube, ich werde jetzt müde. Es ist Zeit, meinen Winterschlaf zu halten. Gute Nacht, ihr Lieben, bis zum Frühling.

Die Monate sind vergangen: November, Dezember, Januar, Februar, März.
Ich wälze mich auf meinem Bettchen und spüre einen riesigen Hunger. Ich genehmige mir eine große Portion Kot. Mmh, das tut gut. Ist es denn wirklich schon Frühling? Ja, ganz sicher, sonst wäre ich auch nicht aufgewacht. Ich fresse wieder, schlafe, fresse und schlafe.
Eines Morgens jedoch wache ich auf und spüre, dass mir meine Haut zu eng geworden ist. Ich versuche, meine alte Haut einfach abzustreifen: Hau-ruck, hau-ruck! Puh, das ist gar nicht so leicht! Ein letzter Ruck und ich habe es geschafft. Jetzt fühle ich mich schon viel wohler. Da ich immer größer werde, muss ich mich noch öfters häuten. Inzwischen habe ich schon Übung bekommen, es geht schon viel besser als beim ersten Mal. Wie ein richtiger Käfer sehe ich noch nicht aus. Was wohl noch geschehen wird?

Eines Tages, ihr werdet es kaum glauben, geschieht meine vollkommene Verwandlung zu einem echten Käfer. Nach meiner letzten Häutung umgibt mich eine starre Hülle. Viele Tage bleibe ich regungslos als Puppe darin liegen. Ich bewege mich keinen Millimeter. Von außen könnte man meinen, ich sei tot. In meinem Inneren vollzieht sich jedoch eine erstaunliche Verwandlung.

Endlich ist es so weit: Ich schäle mich aus meiner Hülle und bin ein richtiges Mistkäfer-Weibchen. Mit meinen sechs Beinen krabble ich den Gang hoch ins Freie. Juchhu! Ich habe es geschafft! Neugierig spaziere ich am Boden herum und beschnuppere alles. Auf einmal weht mir der Wind leckeren Kotgeruch ins Gesicht. Ich öffne meine harten Deckflügel. Dann breite ich vorsichtig meine zarten Hinterflügel aus.

Hui! Ab geht's in die Lüfte, immer dem Geruch hinterher. Ich lande am Boden und laufe zu Fuß weiter. Plumps! Jetzt bin ich über mein eigenes Essen gestolpert. Ich schnuppere daran: Mmh, dieser Kot riecht aber besonders fein. Ich glaube, es ist Menschenkot. Schnell ein bisschen gefressen.

„Aus dem Weg, du dreckiger Mistkäfer", ertönt plötzlich eine unfreundliche Stimme neben mir. Ich drehe mich um und erblicke zwei Hirschkäfer. Ihre riesigen Geweihe sind ineinander verhakt. Sie schubsen und schieben sich hin und her. Plötzlich

Käfer (Wald-Mistkäfer)

Sachgeschichte

packt der eine den anderen, hebt ihn in die Luft und wirft ihn auf den Boden. Hilflos liegt er nun auf dem Rücken und strampelt mit seinen Beinchen. „Sieg, Sieg", ruft der unfreundliche Hirschkäfer, „das Weibchen gehört mir." Schnell helfe ich dem Verlierer, sich wieder umzudrehen. „Vielen Dank für deine Hilfe. Leider habe ich den Kampf um das Hirschkäferweibchen verloren", erzählt er mir traurig. „Vielleicht gewinnst du beim nächsten Mal", versuche ich, ihn zu trösten.

„Was frisst du da für stinkiges Zeug?", fragt mich der Hirschkäfer erstaunt. Überrascht über so eine Frage erkläre ich ihm: „Ich fresse Kot von Menschen und Tieren. Und wenn ich einen Partner gefunden habe, und mich mit ihm gepaart habe, dann rolle ich den Kot zu einer Kugel. Anschließend grabe ich ein tiefes Loch in die Erde, rolle den Kot hinein, lege Eier darauf und schütte das Loch mit Erde wieder zu. Aus den Eiern schlüpfen dann die Larven, die den Kot fressen."

Der Hirschkäfer hört verwundert, aber sehr interessiert zu und erzählt mir jetzt etwas von seinem Leben: „Wir Hirschkäfer legen auch Eier, aber nicht in die Erde, sondern in einen Baumstamm. Die Larven, die aus den Eiern schlüpfen, fressen dann das Holz." „Holz zu fressen, kann ich mir gar nicht vorstellen", unterbreche ich den Hirschkäfer, „ich glaube, das würde mir nicht schmecken." Der Hirschkäfer fängt an, zu lachen: „Und ich kann mir nicht vorstellen, die Ausscheidungen von Menschen und Tieren zu fressen, igitt-igitt!"

Nachdenklich erwidere ich: „Wahrscheinlich ist es gut, dass jede Käferart eine andere Lieblingsspeise hat. Sonst würden wir uns jetzt wahrscheinlich um das Stückchen Kot streiten." Nun müssen wir beide lachen. Gut gelaunt verabschieden wir uns und gehen unseres Weges.

Plötzlich höre ich eine Menschenstimme: „Schau mal, Julia, ein Mistkäfer. Dieser Käfer ist sehr nützlich für den Wald. Er hält den Waldboden sauber, und durch den Kot im Boden wachsen die Pflanzen besser." Eine Menschenhand ergreift mich und ich krabble kurz auf der Hand herum. Dann breite ich meine Flügel aus und erhebe mich in die Luft. „Ein nützliches Tier bin ich also", murmle ich und freue mich darüber den ganzen Tag.

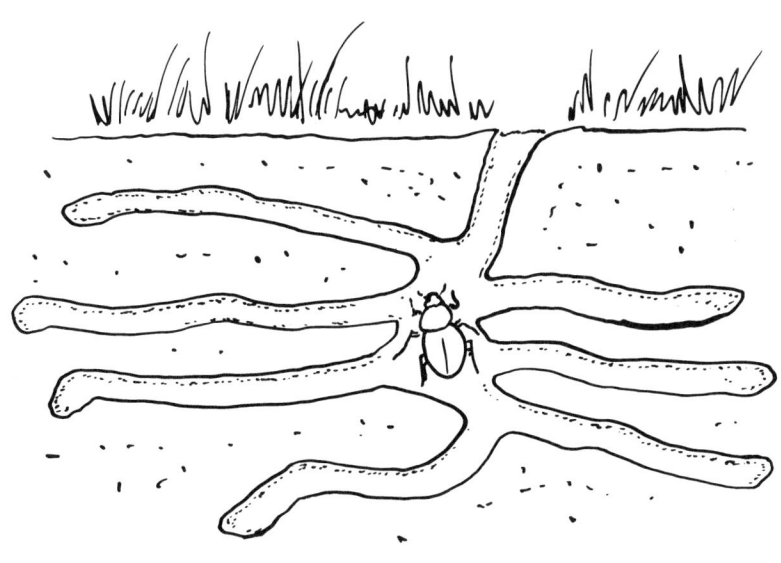

Kinder lernen Waldtiere kennen

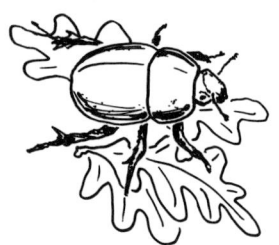

Käfer (Wald-Mistkäfer)

Bilderquiz

1. Was frisst die ausgeschlüpfte Mistkäfer-Larve?

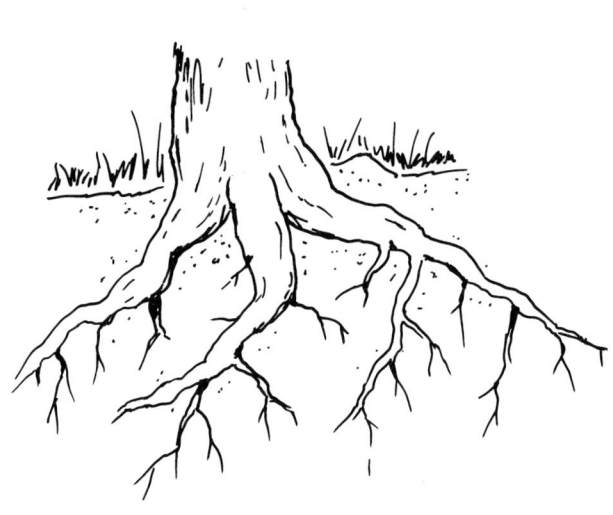

a) ☐ Kot

b) ☐ Baumwurzeln

2. Was geschieht, nachdem sich die Larve in einen Käfer verwandelt hat?

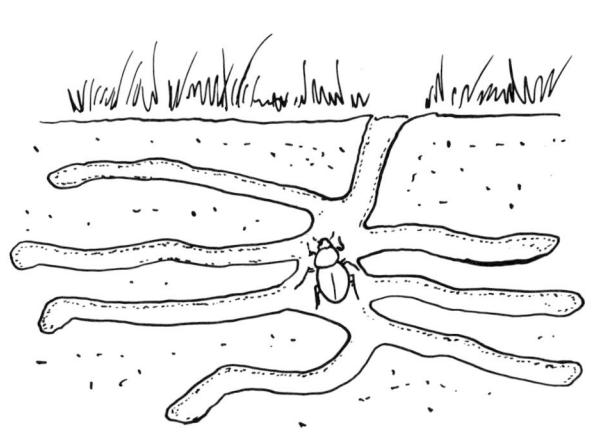

a) ☐ Der Käfer gräbt viele neue Gänge, so wie der Maulwurf.

b) ☐ Der Käfer krabbelt den Gang hoch ins Freie.

Kinder lernen Waldtiere kennen

Käfer (Wald-Mistkäfer)

Bilderquiz

3. Kann der Mistkäfer auch fliegen?

a) ☐ Ja, er kann auch fliegen.

b) ☐ Nein, er kann nur krabbeln.

4. Weshalb heißt der Hirschkäfer Hirschkäfer?

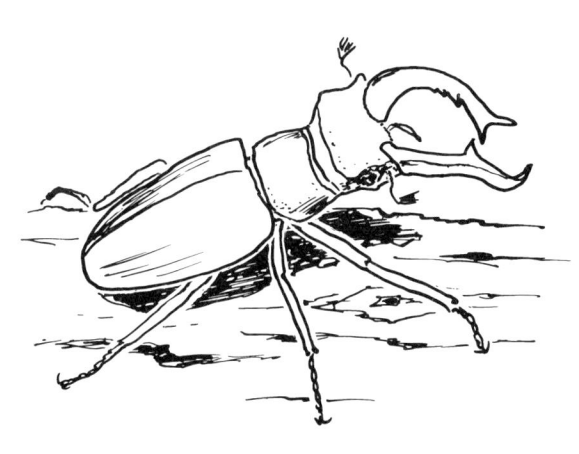

a) ☐ weil sein bester Freund ein Hirsch ist

b) ☐ weil er ein kleines Geweih wie ein Hirsch hat

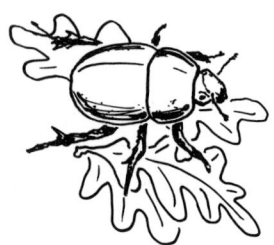

Käfer (Wald-Mistkäfer)

Textquiz

1. Die kleine Käferlarve ist aus dem Ei geschlüpft. Was tut sie?

- a) ☐ Sie krabbelt an die Erdoberfläche und sucht ihre Mutter.
- b) ☐ Sie frisst ein bisschen von ihrem Kotvorrat.
- c) ☐ Sie verpuppt sich als Erstes.

2. Kriecht die Larve sofort nach dem Schlüpfen an die Erdoberfläche?

- a) ☐ Ja, sie braucht Luft zum Atmen.
- b) ☐ Ja, denn sie will frische Blätter fressen.
- c) ☐ Nein, sie verbringt den Winter in der Erde.

3. Kümmert sich die Käfermutter um ihr abgelegtes Ei?

- a) ☐ Ja, sie bleibt unter der Erde, bewacht das Ei und füttert die Larve.
- b) ☐ Nein, die Käfermutter lässt aber Nahrung für die Larve zurück.
- c) ☐ Nein, nur der Käferpapa kümmert sich um das Ei.

4. Die Larve wacht aus dem Winterschlaf auf. Was passiert?

- a) ☐ Sie gräbt einen Gang und besucht andere Larven.
- b) ☐ Sie ist noch immer müde und schläft bis zum nächsten Herbst.
- c) ☐ Die Larve häutet sich, bleibt als Puppe in einer starren Hülle liegen und schlüpft dann als echter Käfer.

5. Wie viele Beine hat der Mistkäfer?

- a) ☐ keine, so wie der Regenwurm
- b) ☐ 6, so wie der Schmetterling
- c) ☐ 4, so wie der Fuchs

6. Was rollt der Mistkäfer mit sich herum?

- a) ☐ eine Blätterkugel
- b) ☐ eine Kotkugel
- c) ☐ eine Eiskugel

7. Weshalb sind Mistkäfer für den Wald nützlich?

- a) ☐ Mistkäfer halten den Waldboden sauber.
- b) ☐ Sie fressen als Larve viel altes Holz.
- c) ☐ Durch den Kot im Boden wachsen die Pflanzen besser.

Kinder lernen Waldtiere kennen

Käfer (Wald-Mistkäfer)

Bewegungsgeschichte

Text	Bewegungsvorschläge
An einem Frühlingsabend fliegt Mila, das Mistkäfer-Weibchen dicht über dem Boden. Sie brummt dabei: „Brumm, brumm …" Mila ist auf der Suche nach Kot. Sie riecht ihn schon von Weitem. Nun landet sie und läuft zu Fuß weiter. Mmh! Welch feiner Geruch! Hier ist er.	*Arme ausbreiten, Oberkörper gebeugt, durcheinanderlaufen – laut brummen – um sich schauen – schnuppern – sich fallen lassen – auf allen vieren krabbeln – auf den Knetgummi deuten*
Gut gelaunt frisst sie einen kleinen Happen. Anschließend gräbt Mila einen großen Gang tief in die Erde. Dann gräbt sie noch vier weitere Gänge: 1, 2, 3, 4. Jetzt marschiert sie wieder nach draußen und atmet die frische Waldluft.	*Mund zum Knetgummi, Fressgeräusche – Grabbewegungen 4-mal – mit Händen Kletterbewegung nach oben – mehrmals tief durchatmen*
Jetzt reißt Mila mit ihren Beinen ein Stück aus dem Kot. Hau-ruck-hau-ruck … Sie dreht es zu einer Kugel. Mit ihren Hinterbeinen rollt sie das Kügelchen rückwärts über den Boden. Bravo Mila, gut gemacht!	*ein Stück aus dem Knetgummi reißen – Kugel formen – rückwärts über den Boden krabbeln, mit den Händen Kugel rollen – bei „bravo" in die Hände klatschen*
Nun bringt sie die Kugel in einen gegrabenen Gang. Da drückt sie die Kugel hinein. Auf die Kotwiege legt Mila ein Ei. Blobb! Sie krabbelt wieder an die Oberfläche und verschließt den Gang mit Erde.	*Kugel vorwärts stubsen – etwas platt drücken – Po über Kugel senken, „blobb" rufen – mit den Händen Kletterbewegung, mit den Füßen nach hinten scharren*
Bald schlüpft eine kleine Larve aus dem Ei. Hungrig frisst sie die Kotkugel. Mampf, mampf … Den Winter verschläft die Larve unter der Erde. Im Frühjahr wacht sie auf und frisst den Rest der Kugel.	*sich hin- und herwinden – Mund zum Knetgummi führen, mampfen – hinlegen, still sein – sich aufrichten, Mund zum Knetgummi, mampfen*
Ihre Haut wird zu eng, die Larve häutet sich mehrmals. In einer starren Hülle bleibt sie still liegen. Und plötzlich schlüpft aus der Hülle ein Käfer. Er krabbelt aus der Erde und fliegt los.	*mit den Händen boxen, mit den Fingern über den Körper streichen als Häutung – hinlegen, still liegen – krabbeln – „losfliegen"*

Tipp: Verteilen Sie vor Beginn für jedes Kind ein Knetgummistück am Boden. Findet die Bewegungsgeschichte draußen statt, können Sie statt Knetgummi Bälle verwenden.

Luchs

Ausmalvorlage/Steckbrief

Tiergruppe	Säugetier
Systematik	Luchse sind Raubtiere und gehören wie Löwen, Tiger und Hauskatzen zur Familie der Katzen. Der Eurasische Luchs (Nordluchs) lebt in Europa und Asien. Im deutschen Sprachgebrauch ist fast immer diese Art gemeint, wenn von „dem Luchs" die Rede ist. Weibliche Luchse heißen **Katze**, männliche **Kuder**.
Verbreitung	Ursprünglich waren Luchse in vielen Ländern von Spanien bis nach Sibirien verbreitet. In Deutschland wurden alle Luchse vor ungefähr 150 Jahren ausgerottet. Vor etwa 50 Jahren gab es im ganzen Westen Europas keine Luchse mehr. Um Luchse wieder anzusiedeln, wurden Tiere in den Wäldern ausgesetzt. Deshalb leben in waldreichen Gebieten in Deutschland heute wieder Luchse.
Aussehen/Merkmale	lange Pinselohren, gelb- bis graubraunes Fell mit dunklen Flecken, kräftiges Raubtiergebiss, Backenbart, kurzer Schwanz mit schwarzer Spitze, lange Beine, haarige Pfoten (sinkt dadurch nicht in den Schnee ein)
Lebenserwartung	in freier Natur 10–12 Jahre; in Gefangenschaft bis 15 Jahre
Lebensraum	Jeder Luchs braucht ein großes Jagdgebiet und wandert auf bestimmten Wegen darin umher. Er bevorzugt felsenreiche Gebiete oder Mischwälder mit guten Versteckmöglichkeiten.

Luchs

Steckbrief

Nahrung	Rehe, Hasen, junge Wildschweine, Füchse, Hirschkälber, Auer- und Birkhuhn und andere Vögel
Fressfeinde	Ausgewachsene Luchse haben keine Fressfeinde. Jungtiere könnten von Füchsen oder Mardern angegriffen werden.
Verteidigung	Durch sein geflecktes Fell ist er so gut getarnt, dass auch wir Menschen ihn kaum zu Gesicht bekommen.
Sinnesorgane	Der Luchs kann sehr gut sehen, hören und riechen.
Aktivitätszeit	Der Luchs jagt tagsüber und in der Dämmerung. Nachts ruht er in einer Felsnische oder in anderen Verstecken.
Revierverhalten	Sein Gebiet kennzeichnet der Luchs durch Duftmarken. Dazu gibt er an besonders auffälligen Stellen seines Jagdreviers Harn oder Kot ab. Auch Kratzspuren an einzelnen Bäumen sollen das Revier kennzeichnen. Sein Gebiet verteidigt er gegenüber Artgenossen, notfalls im Kampf.
Überwinterung	das ganz Jahr aktiv, hält keinen Winterschlaf
Nachwuchs	Im Februar oder März beginnt die Paarungszeit. Die Weibchen geben häufig Harn ab und wälzen sich darin. Die Männchen folgen dem Geruch und können sie dann leichter finden. Streit um Weibchen wird gewöhnlich durch Imponiergesten und Drohgebärden ausgetragen. Nach der Paarung bleiben Kuder und Katze noch einige Tage zusammen, dann trennen sich ihre Wege. Mitte Mai zieht sich die Luchsin in ein Versteck zurück, beispielsweise in eine Felshöhle, um ihre Jungen zu gebären. Die 2–4 Neugeborenen haben ein braungelbes Fell mit winzigen dunklen Flecken und öffnen erst nach 2 Wochen ihre Augen. Immer mal wieder krabbeln sie aus dem schützenden Lager und werden von ihrer Mutter am Nackenfell zurückgeholt. Nach ungefähr einem Monat kauen die Kleinen zusätzlich zur Milchnahrung an kleinen Fleischbrocken herum. Die jungen Luchse sind sehr verspielt. Sie springen tollpatschig umher, jagen sich und versuchen, auf Bäume zu klettern. Sobald sie kräftig und ausdauernd genug geworden sind, begleiten sie ihre Mutter ein Stück ins Revier. Sie bringt ihnen bei, wie man Beute macht. Die Jungluchse beginnen dann, selbst kleine Beutetiere wie Mäuse oder Frösche anzugreifen. Mit viel Übung haben sie nach und nach auch bei der Jagd Erfolg. Die Luchsfamilie bleibt den Winter über zusammen. Mit Beginn der Paarungszeit im Februar verlassen die Jungen die Mutter und suchen eigene Jagdgebiete.

Kinder lernen Waldtiere kennen

Luchs

Sachgeschichte

„Mama, lauf nicht so schnell, ich komme kaum hinterher", rufe ich meiner Mutter zu. „Wird Zeit, dass du erwachsen wirst", ruft sie zurück und bleibt stehen. Ich fange an, zu grübeln: Mit zehn Monaten bin ich erwachsen; also gehe ich noch vier Monate mit ihr auf die Jagd. Erst dann suche ich mir ein eigenes Jagdrevier. Eigentlich sehe ich schon genauso aus wie sie, nur etwas kleiner: Ich habe ein geflecktes Fell, lange Beine, Pinselohren und einen kurzen Schwanz mit schwarzer Spitze. „Träume nicht, kleiner Luchs", ermahnt mich meine Mutter liebevoll.

Warum nennt sie mich klein? Richtig klein war ich, als ich im letzten Frühling mit meinem Bruder unter einem Felsen geboren wurde. Wir tranken fünf Monate bei unserer Mutter Milch, aber schon nach vier Wochen bekamen wir Fleischbrocken zum Kosten. Jetzt bin ich doch wirklich nicht mehr klein! Mutter reißt mich aus meinen Träumen: „Wir müssen noch ein großes Jagdgebiet durchwandern", erklärt sie uns.

Plötzlich duckt sie sich und flüstert: „Aufgepasst, ihr zwei, ich zeige euch jetzt, wie man ein Reh fängt! Ihr bleibt hier und schaut genau zu, wie ich es mache." Tatsächlich! An einer Futterstelle stehen sechs Rehe und fressen. Sie haben uns noch gar nicht bemerkt. Aufgeregt blicken wir unserer Mutter hinterher. Mama schleicht sich Schritt für Schritt ganz leise an die Rehe heran. Immer wieder duckt sie sich. Sie ist nur noch einige Meter von ihnen entfernt. Mama setzt zum Sprung an. Mein Bruder und ich halten den Atem an. Blitzschnell landet sie zwischen den Rehen. Die nehmen völlig überrascht Reißaus. Mama hat Glück! Sie erreicht ein Reh, wirft es um und beißt es in den Hals.

Voll Bewunderung stürmen wir zu ihr. „Hurra, Mama hat es geschafft!", jubelt mein Bruder. Ich blicke auf das tote Reh und flüstere nachdenklich: „Mir tut das Reh ein bisschen leid." Aber mein Bruder weiß es wieder mal besser: „Wir müssen Fleisch fressen, sonst verhungern wir. Das hat die Natur so vorgesehen. Außerdem gibt es so viele Rehe. Sie fressen die zarten jungen Blätter und Zweige ab. Wenn es uns Luchse oder die Wölfe nicht gäbe, würden sich Rehe in Unmengen vermehren und dem Wald schaden." Ich versuche, meine mitleidigen Gedanken zu vergessen, und reiße ein paar Fleischstücke aus dem Reh heraus.

Nachdem wir uns alle satt gegessen haben, versteckt meine Mutter den Rest unter einem Blätterhaufen als Vorrat für die nächsten Tage. „Schaffst du es eigentlich immer, ein Tier zu erlegen?", erkundige ich mich. „Nicht immer", antwortet sie, „nur jedes zweite oder dritte Tier." „Welche Tiere hast du denn bisher gefressen?" will mein Bruderherz wissen. Unsere Mutter zählt auf:

Kinder lernen Waldtiere kennen

Luchs

Sachgeschichte

„Rehe, Hasen, Hirschkälber, junge Wildschweine und einige Mäuse."

„Seht mal, da läuft eine ganze Hirschherde, soll ich einen Angriff wagen?" rufe ich aufgeregt. Mama lacht: „Das brauchst du gar nicht zu versuchen, das schaffe nicht einmal ich. Ausgewachsene Hirsche sind zu groß für uns; das lassen wir lieber bleiben."

„Guck mal, ich schaukle an einem Ast", quietscht mein Bruder übermütig. Schnell springe ich zu ihm und kitzle ihn mit meiner Pfote am Bauch. Er plumpst runter und verpasst mir mit seiner Pranke einen Hieb. Blitzschnell verfolge ich ihn, werfe ihn zu Boden und drohe ihm: „Ergib dich, sonst beiße ich dir in den Hals!" Mama Luchs mischt sich in unsere Spiele nicht ein. Sie meint, dass Spielen eine gute Vorbereitung für das spätere Jagen ist.

Plötzlich hören wir einen Schuss. „Will uns ein Jäger abschießen?", frage ich besorgt. „Nein, nein, auf keinen Fall", beruhigt uns Mama, „früher wurden Luchse von Menschen gejagt, bis es uns hier in Deutschland gar nicht mehr gab."

„Aber uns gibt es doch?", frage ich verwirrt. Mutter erklärt uns: „Wir Luchse hier im Bayrischen Wald sind wieder eingebürgerte Luchse. Die Menschen haben uns vor einigen Jahren absichtlich wieder im Wald ausgesetzt. Sie hoffen, dass wir uns vermehren und viele Rehe jagen, damit diese an den Bäumen nicht mehr so viel Schaden anrichten können.

Es gibt aber auch Menschen, die uns nicht im Wald haben wollen. Sie meinen, wir würden ihre Schafe und Ziegen oder sogar sie selbst anfallen. Aber das ist totaler Unsinn. Menschen würden wir nur angreifen, wenn sie uns direkt bedrohen. Solange es genügend Rehe gibt, fressen wir auch sicher keine Haustiere. Aber jetzt wollen wir weiterwandern."

Nach einigen Metern senkt Mama ihren Po und hinterlässt einen Harnduft auf einem Baumstumpf. Dadurch kennzeichnet sie unser Jagdgebiet. Auf einmal hören wir ein lang gezogenes „ouuh" durch den Wald erklingen. Mama schaut sich erstaunt um. „Will Papa uns besuchen?", fragt mein Bruder. „Nein, das glaube ich nicht. Das macht ein Luchsmann normalerweise nicht. Wir Mütter kümmern uns um euch. Die Väter haben ihr eigenes Jagdrevier und kommen nur zur Paarungszeit vorbei", erklärt uns Mutter. Eigentlich vermisse ich auch keinen Vater. Wir haben so eine prima Mutter, die sich gut um uns kümmert und uns alles Wichtige für unser Leben zeigt. Zufrieden legen wir uns unter einen Felsen und ruhen uns aus.

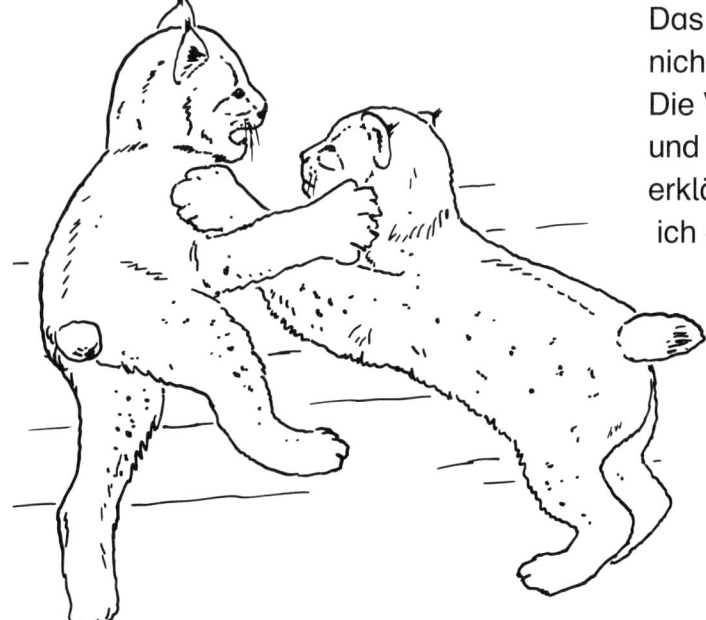

Luchs

Bilderquiz

1. Wie sieht ein Luchs aus?

a) ☐ Er hat ein einfarbiges Fell, kurze Beine und einen langen Schwanz.

b) ☐ Er hat ein geflecktes Fell, lange Beine, Pinselohren und einen kurzen Schwanz.

2. An welche Tiere schleicht sich Mama Luchs heran?

a) ☐ an Rehe

b) ☐ an Hirsche

Luchs
Bilderquiz

3. Erlaubt Mama Luchs ihren Kindern, zu spielen?

a) ☐ Nein, die Kinder müssen immer brav neben ihrer Mutter liegen.

b) ☐ Ja, weil Spielen eine gute Vorbereitung für das Jagen ist.

4. Was haben Menschen früher mit den Luchsen gemacht?

a) ☐ Menschen haben Luchse gejagt und getötet.

b) ☐ Menschen haben Luchse als Haustiere gehalten.

Kinder lernen Waldtiere kennen

Luchs

Textquiz

1. Welche besonderen Kennzeichen hat der Luchs?

- a) ☐ ein geflecktes Fell
- b) ☐ Pinselohren
- c) ☐ kurze Beine

2. Wie tötet Mama Luchs ein Reh?

- a) ☐ Sie schlägt ihre scharfen Krallen in die Beine des Tiers.
- b) ☐ Sie jagt es so lange, bis es erschöpft umfällt.
- c) ☐ Sie beißt das Reh in den Hals.

3. Was frisst Mama Luchs außer Rehen?

- a) ☐ Hasen
- b) ☐ Blätter und Zweige
- c) ☐ junge Wildschweine

4. Greifen die Luchse eine Herde ausgewachsener Hirsche an?

- a) ☐ Ja, Luchse töten häufig auch große Hirsche.
- b) ☐ Nein, ausgewachsene Hirsche sind zu groß für Luchse.
- c) ☐ Nein, Hirschfleisch schmeckt ihnen nicht.

5. Weshalb ist es wichtig, dass die jungen Luchse miteinander spielen?

- a) ☐ Spielen ist eine Vorbereitung für das spätere Jagen.
- b) ☐ Mama Luchs braucht viele Stunden am Tag ihre Ruhe.
- c) ☐ Sie lernen dabei viele neue Freunde kennen.

6. Luchse in Deutschland sind „wieder eingebürgert". Was bedeutet das?

- a) ☐ Der Luchs wird vom Menschen in einem großen Waldgebiet ausgesetzt, sodass er wieder dort lebt.
- b) ☐ Der Luchs wird heute wieder von den Menschen gejagt.
- c) ☐ Damit ist ein Luchs im Zoo gemeint.

7. Weshalb mögen manche Menschen keine Luchse im Wald?

- a) ☐ Sie fürchten, der Luchs könnte die Bäume beschädigen, weil er gern Rinde frisst.
- b) ☐ Sie fürchten, dass der Luchs Schafe, Ziegen oder Menschen angreifen.
- c) ☐ Sie meinen, der Luchs frisst die Abfälle aus ihren Mülltonnen.

Kinder lernen Waldtiere kennen

Luchs

Bewegungsgeschichte

Text	Bewegungsvorschläge
Es ist Winter und ziemlich kalt. Mama Luchs und ihre Kinder ruhen sich unter einem Felsen aus. „Fertigmachen zum Aufbruch", ruft Mama Luchs. Alle gähnen, strecken und recken sich. Sie lecken ihr Fell und zeigen ihre scharfen Zähne. Jetzt kann es losgehen.	*Schlafposition – Hände als Trichter um den Mund – gähnen, strecken, recken – Leckbewegungen an Händen und Armen, Zähne zeigen – sich aufrichten*
Sie wandern durch den Wald; immer wieder springen sie über Baumstämme. Mal gehen sie langsam, mal schnell. Ihre Fußabdrücke sind im Schnee zu sehen. Mama Luchs hinterlässt ihren Harnduft auf einem Stein.	*hintereinanderlaufen – kleine Sprünge – erst langsam, dann schneller gehen – auf die Füße deuten – Po senken*
Die Luchse haben großen Hunger bekommen. Sie haben Rehe entdeckt und pirschen sich ganz langsam heran. Immer wieder ducken sie sich. Dann schleichen sie weiter, ganz leise und vorsichtig. Die Rehe sind nur noch wenige Meter entfernt. Jetzt greifen sie an.	*Hand auf dem Bauch kreisen lassen – Schleichbewegung – sich mehrmals ducken – schleichen in Zeitlupe – lossprinten*
Mama Luchs beschleunigt ihr Tempo. Wer wird schneller sein? So ein Pech, die Rehe sind entwischt! „Ich habe solchen Hunger", jammert das eine Kind. „Kommt, ich zeige euch die Stelle, an der ich vor drei Tagen ein Stück Hasen versteckt habe", ruft Mama Luchs. „Hier ist sie."	*schneller laufen – stehenbleiben, Hand auf den Bauch, Gesicht verziehen – Kinder folgen dem Spielleiter – stehenbleiben und in die Hocke gehen*
Die Luchse scharren die Blätter beiseite. Tatsächlich! Dort liegt ein großes Stück Hasenfleisch. Gierig reißen sie einige Stücke heraus. Endlich sind sie satt!	*mit den Händen am Boden graben – Mund aufreißen, dabei Fressgeräusche von sich geben*
Jetzt schneit es. Das stört die Luchse aber nicht, denn sie haben ein dickes Fell. Hoffentlich haben sie morgen mehr Glück beim Jagen. Viel Erfolg, ihr Luchse! Tschüß!	*sich über den Körper streichen, um das dicke Fell anzuzeigen – bei „tschüß" winken*

Kinder lernen Waldtiere kennen

Reh

Ausmalvorlage/Steckbrief

Tiergruppe	Säugetier
Systematik	Das Reh gehört zur Familie der Hirsche. Sie sind Paarhufer, das heißt, sie haben eine gerade Anzahl Zehen. Die Rehart, die in unseren Gegenden vorkommt, wird Europäisches Reh genannt. Die männlichen Tiere nennt man **Böcke**, die weiblichen **Ricken** oder auch **Geißen**. Die jungen Rehe nennt man **Kitze**.
Verbreitung	Das Europäische Reh lebt in großen Teilen von Europa und dem mittleren Osten. Es ist das bei uns am häufigsten vorkommende größere Wildtier.
Aussehen/Merkmale	Sommerfell rotbraun, Winterfell graubraun oder dunkelbraun; Rehkitze haben rotbraunes Fell mit weißen Punkten. Rehe haben ein auffallend weißes Hinterteil, den „Spiegel". Böcke tragen ein kurzes Geweih, das deutlich kleiner ist als beim Hirsch. Sie werfen es im Herbst ab, danach wächst sofort ein neues. Es ist von einer Haut umgeben, die man Bast nennt. Sie wird im Frühjahr an Büschen und jungen Bäumen entfernt. Rehe sind kleiner und leichter als Rothirsche.
Lebenserwartung	10–12 Jahre in freier Natur, in Gefangenschaft bis zu 17 Jahren

Reh

Steckbrief

Lebensraum	Rehe suchen meist Gebiete mit genug Deckung und vielfältiger Nahrung. Daher halten sie sich oft zwischen Büschen oder am Waldesrand auf. Es gibt jedoch auch reine Feldrehe. Im Gegensatz zu Hirschen leben Rehe innerhalb eines kleinen Gebietes und unternehmen keine großen Wanderungen.
Nahrung	Rehe sind Wiederkäuer und reine Pflanzenfresser. Sie fressen besonders energiereiche Nahrung, wie Kräuter, junge Gräser, Blätter, Triebe, Knospen, Wald- und Feldfrüchte.
Fressfeinde	Kaum natürliche Feinde wie Wolf, Luchs oder Steinadler. Kitze können von Füchsen und Wildschweinen angegriffen werden.
Verteidigung	Vor und während der Brunftzeit verteidigen Böcke ihr Revier gegen Konkurrenten. Zum Kämpfen wird das Geweih eingesetzt. Ricken verteidigen ihr Revier während der Aufzuchtzeit.
Sinnesorgane	Hervorragender Geruchs- und Gehörsinn. Ihre Augen sind weniger gut. Wenn Rehe sich erschrecken, geben sie einen bellenden Laut („bäh") von sich, ähnlich wie Hundebellen.
Aktivitätszeit	Rehe sind von Natur aus am Tag aktiv. Sie wurden aber durch die menschliche Jagd zu nachtaktiven Tieren.
Revierverhalten	Reviere werden nur von Böcken vor und während der Paarungszeit markiert. Das Gebiet wird mit Urin und mit einer Duftflüssigkeit gekennzeichnet.
Überwinterung	Im Winter schließen sich Rehe manchmal zu Gruppen zusammen, die aus verwandten Tieren bestehen. Im März lösen sich diese Verbände wieder auf.
Nachwuchs	Rehe paaren sich zwischen Juli und August. Die Ricken geben einen Fieplaut von sich, um Rehböcke anzulocken. Das befruchtete Ei ruht im Körper und entwickelt sich erst im Winter. Die Kitze werden dann ab Mai geboren. Meist sind es zwei. Sie liegen in den ersten beiden Wochen regungslos und geduckt im hohen Gras. Die Mutter besucht ihre Kinder nur zum Säugen, um nicht Feinde zu den Jungtieren zu locken. Ansonsten beobachtet sie sie aus einigen Metern Entfernung. In den ersten Lebenstagen haben Kitze noch keinen Eigengeruch. Werden Kitze von einem Menschen entdeckt, dürfen sie nicht berührt werden, da die Ricke sie dann nicht mehr annimmt. Nach zwei Wochen folgen die Kitze ihrer Mutter, sie werden noch bis zum Sommer gesäugt. Die Jungrehe bleiben bis zum nächsten Frühjahr bei ihrer Mutter, dann gehen sie ihre eigenen Wege.

Kinder lernen Waldtiere kennen

Reh

Sachgeschichte

Ich bin ein kleines Rehkitz und liege still und regungslos in einem Gebüsch mitten im Wald. Meine Schwester liegt neben mir, sie hat ein schönes rotbraunes Fell mit weißen Punkten, so wie ich. Ungeduldig warten wir auf unsere Mutter. Damit wir keine Feinde, wie Wildschweine oder Füchse, anlocken, liegt Mama nicht neben uns, sondern beobachtet uns aus der Entfernung. Neugierig recke ich meinen Kopf, ob ich sie sehe. „Du sollst dich nicht bewegen, hat Mama gesagt", meckert mich meine Schwester an. „Ich habe aber einen riesigen Hunger", entgegne ich ihr, „ich möchte endlich meine Milch trinken." „Es ist nicht deine Milch, sondern Mamas Milch", belehrt mich meine nervige Schwester. Beleidigt drehe ich ihr den Rücken zu.

Auf einmal erschallen seltsame Geräusche durch den ganzen Wald: „Bäh, bäh, bäh …" „Was war das nur?", fragt meine Schwester ängstlich und drückt sich nahe an mich heran. Ich überlege kurz: „Bestimmt ein Hund. Mama hat uns doch erzählt, dass es Hunde geben soll, die kleine Rehe anfallen und verletzen." Zitternd rückt meine Schwester noch enger an mich heran.

Ein Glück! Mama kommt. „Hast du auch das Bellen gerade eben gehört?", frage ich sie aufgeregt. In ruhigem Ton antwortet sie: „Ja, es war ein älterer Rehbock. Plötzlich ist ihm ein Mensch begegnet und er ist sehr erschrocken. Er ist sofort geflüchtet und hat dabei laut gebellt." Erleichtert atme ich auf. „Vor Hunden, Füchsen und Wildschweinen braucht ihr im Moment keine Angst zu haben. Die können euch nicht wittern. Ihr habt nämlich die ersten Tage nach eurer Geburt keinen Geruch an euch", versucht uns Mama zu beruhigen. „Früher haben uns auch Wölfe, Bären und Luchse gefressen, aber seit langer Zeit leben in diesem Wald keine mehr."

Drei Tage später ist es endlich soweit: Wir verlassen das Gebüsch und folgen unserer Mutter in den Wald. Sie zeigt uns die leckersten Gräser, Kräuter, Früchte und Blätter. Alles schmeckt so fein und frisch. Zwischen den Mahlzeiten probiere ich verschiedene Sprünge aus: Weitsprung, Hochsprung, Seitsprung. „Das klappt ja schon großartig", lobt mich meine Mutter. Plötzlich stoße ich mit meinem Kopf an etwas Hartes. „Aua, was war das?", denke ich und schaue nach oben. Ich sehe ein seltsames Ding aus Holz. Es sieht aus wie ein Riesenvogelnest auf Beinen. „Das ist ein Jägersitz", erklärt mir meine Mutter, „immer mal wieder versucht ein Jäger, uns von dort oben abzuschießen. Eigentlich mögen uns die Menschen gerne. Vor allem Kinder würden uns nie etwas antun. Aber wenn wir zu viele Rehe im Wald sind, ist das nicht gut für die Bäume. Wir fressen ja so gerne die frischen Blätter ab. Deshalb jagen uns die Menschen gelegentlich."

Kinder lernen Waldtiere kennen

Reh

Sachgeschichte

„Müssen wir noch weit laufen?", fragt meine Schwester und gähnt. „Seid froh, dass ihr keine Hirsche seid, die wandern an einem Tag nämlich ziemlich weit umher", lacht Mama, „wir Rehe haben es da besser, wir bleiben immer in der gleichen Gegend."

Plötzlich hören wir Geräusche im Wald. „Der Jäger erschießt uns", rufe ich aufgeregt. Auch Mama dreht sich erschrocken um. Sechs große Tiere mit riesengroßen Geweihen laufen direkt auf uns zu. Ängstlich springen ich und meine Schwester zur Seite und verstecken uns im Gebüsch. Die Tiere schaffen es gerade noch, abzubremsen, und bleiben direkt vor unserer Mutter stehen. Das Tier mit dem größten Geweih sagt zu Mama: „Hallo, du kleines Reh, wir sind die Hirsche aus dem Waldbachtal und suchen Wasser zum Trinken. Wo können wir welches finden?" Mama antwortet dem Hirsch freundlich: „Hinter diesem Hügel fließt ein Bach, dort könnt ihr so viel trinken, wie ihr wollt." Die Hirsche bedanken sich bei unserer Mutter und sind schnell hinter dem Hügel verschwunden.

„Die hatten aber wirklich beeindruckende Geweihe", sagt Mama. „Ich will später auch so ein Geweih", meint plötzlich meine Schwester. Daraufhin lache ich sie aus: „Du bekommst gar kein Geweih, schließlich bist du ein Rickenkitz, ein weibliches Reh. Wenn, dann bekomme ich so eins."
„Da muss ich dich aber enttäuschen", mischt sich Mama ein, „Rehböcke haben nicht so ein großes Geweih wie die Hirsche. Also wird auch dein Geweih nicht so groß werden." Nun mischt sich wieder meine Schwester ein und fiept: „Ich bin froh, dass ich kein Geweih bekomme. Ich hätte keine Lust, so ein schweres Ding auf meinem Kopf mit mir herumzutragen." Mama nickt zustimmend. Auch sie ist froh, dass sie kein Geweih trägt.

Mittlerweile ist es ziemlich heiß geworden. Wir wandern zu dem Bach und trinken das frische Wasser. Plötzlich fängt meine Schwester an, zu lachen: „Hi-hi, du hast ja ein weißes Hinterteil, das schaut ja komisch aus, hi-hi-hi." „Hast doch selber eins", antworte ich ihr leicht ärgerlich und trete ihr ein wenig in ihren weißen Hintern. „Mama, der hat mich getreten", beschwert sie sich sofort bei unserer Mutter.
„Hört doch auf zu streiten", bittet Mama. Um uns abzulenken, erklärt sie uns: „Diesen weißen Fleck nennt man Spiegel." Sofort ärgert mich meine Schwester wieder: „Schau, mein Brüderlein, ich habe einen viel schöneren Spiegel als du." Dabei reckt sie mir ihren Po ins Gesicht. „Igitt, lass das, du Zickenkitz!", schreie ich und schubse sie in den Bach. Jetzt reicht es Mama aber. Wir gehen sofort nach Hause. Zur Strafe dürfen wir heute keine leckeren Pflanzen mehr fressen.
Schuld ist nur meine Schwester!

Kinder lernen Waldtiere kennen

Reh

Bilderquiz

1. Wie sehen Rehkitze aus?

a) ☐ Sie haben weiße Punkte auf dem Fell.

b) ☐ Sie sehen wie erwachsene Rehe aus.

2. Bleibt Mama immer nah bei den Kitzen?

a) ☐ Ja, sie bleibt immer ganz nah bei ihnen.

b) ☐ Nein, sie hält sich ein Stückchen entfernt auf und beobachtet die Rehkitze.

Kinder lernen Waldtiere kennen

Reh

Bilderquiz

3. Wer trägt das größte Geweih?

a) ☐ der Hirsch

b) ☐ der Rehbock

4. Welcher Körperteil heißt bei den Rehen „Spiegel"?

a) ☐ der weiße Fleck am Po

b) ☐ das Auge des Rehs

Kinder lernen Waldtiere kennen

Reh

Textquiz

1. Welche Tiere sind für Rehkitze gefährlich?

a) ☐ Feldhasen b) ☐ Füchse c) ☐ Wildschweine

2. Weshalb hält die Rehmutter sich ein Stückchen entfernt von ihren Kitzen auf?

a) ☐ Sie muss sich von der anstrengenden Geburt erholen.
b) ☐ Sie bleibt ein Stück entfernt, damit keine Feinde angelockt werden.
c) ☐ Sie hat leckere Kräuter entdeckt, dafür lässt sie ihre Kleinen auch mal alleine.

3. Was haben die „Bäh-bäh"-Rufe zu bedeuten?

a) ☐ Ein Jagdhund hat sich erschreckt und bellt laut nach seinem Herrchen.
b) ☐ Die Rehkitze haben Hunger und möchten etwas zum Fressen.
c) ☐ Ein Rehbock hat sich erschreckt und gibt deshalb diese Bell-Laute von sich.

4. Was fressen die Rehe?

a) ☐ Regenwürmer b) ☐ Kräuter und Gräser c) ☐ Blätter

5. Unternehmen Rehe weite Wanderungen?

a) ☐ Ja, sie laufen täglich weite Strecken.
b) ☐ Nein, Rehe leben immer in der gleichen Gegend und müssen nicht viel laufen.
c) ☐ Ja, sie wandern im Winter in wärmere Länder aus.

6. Welches Geweih ist größer?

a) ☐ das Geweih eines Rehbocks
b) ☐ das Geweih eines Hirsches
c) ☐ das Geweih eines weiblichen Rehs, einer Ricke

7. Was heißt bei Rehen „Spiegel"?

a) ☐ ein weißer Fleck auf dem Po der Rehe
b) ☐ die weißen Flecken auf dem Fell der Rehkitze
c) ☐ der kleine Schwanz der Rehe

Kinder lernen Waldtiere kennen

Reh

Bewegungsgeschichte

Text	Bewegungsvorschläge
Wir sind kleine Rehkitze und liegen geduckt im Gras. Wir müssen ganz, ganz leise sein, damit uns niemand findet. Dort ist Mama, sie kommt zu uns. Heute dürfen wir das erste Mal aufstehen.	*auf dem Boden liegen – Finger auf den Mund – zum Sitzen kommen und mit dem Finger in die Gegend zeigen – vorsichtig aufstehen*
Wir springen fröhlich umher und zeigen unseren weißen Po. Dann fressen wir viele Kräuter und Blätter. Doch auf einmal hören wir ein Geräusch. Schnell verstecken wir uns im Gebüsch.	*umherspringen – Po nach hinten, darauf klatschen – Kopf vor und zurück, kauen – Hände an die Ohren, erschrecktes Gesicht – in die Hocke gehen*
Ein Jäger marschiert mit seinem Gewehr durch den Wald. Er steigt die Leiter seines Jägersitzes hoch. Oben angekommen setzt er sich. Dann schaut er mit seinem Fernglas durch die Gegend. Hoffentlich sieht er uns nicht!	*große, langsame Schritte, beide Hände auf eine Schulter als Gewehr – Kletterbewegung nach oben – Knie leicht beugen – mit den Fingern zwei Kreise bilden und hindurchschauen*
Plötzlich hebt er sein Gewehr und will gerade auf uns schießen. Doch was passiert? Der alte und morsche Jägersitz stürzt ein, und der Jäger plumpst hinunter. Oh je, der Rücken tut ihm weh. Langsam humpelt er nach Hause.	*einen Arm ausstrecken – sich auf den Boden fallen lassen – an den Rücken greifen, dabei jammern – mit gebeugtem Rücken einige Schritte humpeln*
Hurra, der Jäger ist weg, hurra! Jetzt können wir wieder in Ruhe die leckeren Pflanzen fressen. Fröhlich springen wir durch das hohe Gras. Wir legen uns nieder und träumen von leckeren Kräutern. Mmh! Was für ein schöner Traum!	*Arme nach oben reißen und sich dabei im Kreis drehen – Kopf vor und zurück, kauen – Luftsprünge – auf den Boden legen, genüssliches Gesicht*

Tipp: *Wenn Sie und die Kinder mögen, können Sie die Bewegungsgeschichte auch mit verteilten Rollen durchführen. Dann sollten Sie die Rollen am besten vor Beginn festlegen.*

Kinder lernen Waldtiere kennen

Rothirsch

Ausmalvorlage/Steckbrief

Tiergruppe	Säugetier
Systematik	Der Rothirsch gehört zur Gattung der Echten Hirsche. Männliche Rothirsche werden **Rothirsche** genannt, weibliche Rothirsche **Hirschkühe** und Jungtiere **Hirschkälber**. Meint man Rothirsche allgemein, so spricht man von **Rotwild**.
Verbreitung	Der Rothirsch war in Europa, Asien und Nordamerika früher weit verbreitet. Inzwischen besiedelt er in Deutschland nur noch verstreute Gebiete.
Aussehen/Merkmale	Im Sommer tragen Hirsche ein rotbraunes Fell, sonst graubraunes; sie haben einen gelblich-weißen „Spiegel" am Hinterteil sowie einen etwa 10 cm langen Schwanz. Die Kälber werden mit weißen Flecken geboren, die sich im September verlieren. Die Männchen tragen große, mehr als 1 Meter lange Geweihe, die sich reich verzweigen können. Das Geweih wird jedes Jahr etwa im März abgeworfen und durch ein neues, stärkeres ersetzt. Während es wächst, ist es von einer weichen Haut umhüllt, die man Bast nennt. Nach etwa 100 Tagen ist es ausgewachsen; die Hirsche streifen dann den Bast an Ästen oder Bäumen ab. Männliche Hirsche sind deutlich größer als die Hirschkühe.

Rothirsch

Steckbrief

Lebenserwartung	in freier Wildbahn bis 15 Jahre, in Gefangenschaft bis 25 Jahre
Lebensraum	Ursprünglich bewohnten Hirsche offene bis halboffene Landschaften. Zwischen ihren Aufenthaltsorten im Sommer und im Winter lagen große Strecken. Weil die Landschaft inzwischen dicht besiedelt ist, lebt der Rothirsch heute in großen Waldgebieten.
Nahrung	Gräser, Kräuter, Blätter, Nadeln, Triebe, Rinde, Eicheln, Kastanien, Bucheckern, Rüben, Getreide, Kartoffeln
Fressfeinde	In Deutschland hat der Rothirsch so gut wie keine natürlichen Feinde mehr. Ausnahmen sind einige Wölfe und Luchse.
Verteidigung	Ein Rudel Hirsche wird während der Paarungszeit von einem männlichen Hirsch begleitet. Er versucht, andere Hirsche durch Brunftschreie und Imponiergesten von den Kühen fernzuhalten. Wenn sich der Rivale dadurch nicht einschüchtern lässt, kämpfen beide Hirsche. Sie stoßen ihre Geweihe gegeneinander. Meistens gibt schnell einer von beiden auf und flüchtet. Manchmal dauern die Kämpfe aber auch mehrere Stunden.
Sinnesorgane	sehr stark ausgeprägter Geruchssinn, gutes Gehör
Aktivitätszeit	Rotwild war ursprünglich tagsüber aktiv. Weil es von Menschen gejagt und gestört wurde, ist es nun hauptsächlich nachts aktiv.
Revierverhalten	Ihr Revier kennzeichnen Rothirsche mit einer braunen Augenflüssigkeit. Sie streifen sie an Baumstämmen und Zweigen ab.
Überwinterung	Je kälter es wird und je mehr Schnee fällt, desto weniger unternehmen sie. Im Winter werden die Tiere oft mit Heu oder anderer Nahrung gefüttert.
Nachwuchs	Außerhalb der Brunftzeit leben männliche Hirsche und Hirschkühe in getrennten Rudeln. Im August sind die Geweihe der männlichen Hirsche ausgebildet. Sie suchen dann die Rudel der Weibchen auf und lassen keine anderen Hirsche in die Nähe der Weibchen. Nach der Paarung ziehen sie wieder fort. Im Mai bekommen die Hirschkühe Kälber, meist nur ein Junges. Es ist gefleckt und wird ein halbes Jahr vom Muttertier gesäugt. Dieses Kalb folgt seiner Mutter fast ein Jahr. Bringt die Mutter ein neues Kalb zur Welt, vertreibt sie das Kind vom Vorjahr. Ein männliches Jungtier schließt sich anderen Junghirschen an. Weibliche Jungtiere ziehen oft kurze Zeit nach der Geburt des neuen Kälbchens wieder mit ihrer Mutter. So entsteht mit den Jahren ein Familienrudel aus weiblichen Tieren.

Rothirsch

Sachgeschichte

Hallo Kinder! Könnt ihr mich sehen? Nein? Das ist auch gut so! Ich bin nämlich ein kleines Hirschkälbchen und eben auf die Welt gekommen.
Ich versuche, mich gerade aufzurichten, das ist nicht leicht. Plumps, jetzt bin ich wieder umgefallen! Aber jetzt, jetzt schaffe ich es. Hurra! Ich stehe! Nun muss ich nur noch Mamas Zitzen am Bauch finden. Da sind sie ja! Hungrig trinke ich die Milch. Plötzlich drängt mich Mama einfach ins Gebüsch. „He, Mama, was soll das?", beschwere ich mich. Mama erklärt mir: „Du musst ruhig liegen bleiben, mein kleines Kind, dich darf niemand sehen. Füchse, Luchse und Wölfe wollen dich gerne fressen. Nur wenn du hier gut versteckt bleibst, wirst du nicht entdeckt."
Ich schaue ein wenig traurig. Zu gerne hätte ich den Wald erkundet. „Es sind nur zwei Wochen, danach darfst du mit uns Hirschkühen umherziehen", tröstet mich Mama. Ich kann es kaum erwarten.

Eines Morgens ist es endlich so weit: Meine Mutter führt mich zu den Hirschkühen. Ich freue mich riesig, dass sie ihre Kinder dabeihaben. Wir beginnen gleich, zu spielen: Fangen und Verstecken.

Das ist wirklich lustig. „He, Kinder hiergeblieben", blökt plötzlich eine Stimme lautstark hinter uns. Erschrocken drehe ich mich um. Eine große Hirschkuh steht vor uns. Mit mächtiger Stimme blökt sie weiter: „Ihr dürft nicht einfach wegrennen, das ist viel zu gefährlich. Wir müssen alle zusammenbleiben. Ich bin hier die Leitkuh im Rudel, und alle müssen auf mich hören." Wir schauen etwas verdutzt drein.
Niemand traut sich, zu widersprechen. Schweigend gehen wir zu unseren Müttern. „Warum gibt es eine Leitkuh, die alles bestimmt?", frage ich Mama schlecht gelaunt. „Die Leitkuh ist die Hirschkuh mit der größten Erfahrung. Sie führt uns zu den besten Futterplätzen. Niemand darf sich zu weit von der Gruppe entfernen. Du möchtest doch sicherlich nicht von einem Wolf gefressen werden?" „Nein, natürlich nicht", antworte ich kleinlaut.

Endlich ist Aufbruch. Unsere Leitkuh führt uns zu einem guten Futterplatz. Gierig rupfe ich Gräser, Blätter und Kräuter oder fresse Äpfel. Immer mal wieder nage ich auch die Rinde von den Bäumen. Mit Fressen, Schlafen und Umherziehen vergehen die Monate schnell. Es wird immer

Rothirsch

Sachgeschichte

kälter, der Winter ist gekommen. Wir sind alle froh, dass wir ein dickes Fell bekommen haben. Wir halten im Winter nämlich keinen Winterschlaf. Manchmal finden wir eine Futterkrippe von euch Menschen. Aber der Winter ist trotzdem eine harte Zeit für uns. Wir warten schon sehnsüchtig auf den Frühling.

Endlich ist er da und es gibt wieder frische Gräser und Kräuter. Mama ist auf einmal sehr komisch. Sie will immer nur ihre Ruhe haben. Was hat sie nur? Ich folge ihr heimlich. Wo geht sie nur hin? Vorsichtig schleiche ich mich zu ihr ins Gebüsch. Das kann doch nicht wahr sein! Mama hat wieder ein Hirschkälbchen geboren. Gerade saugt es an ihren Zitzen.

Mama erklärt mir: „Mein liebes Hirschkind, du bist doch jetzt schon ein Jahr alt und fast schon erwachsen. Du und die anderen männlichen Hirschjungen dürft bis Herbst in unserem Rudel mitziehen. Dann müsst ihr euch ein Rudel mit anderen männlichen Hirschen suchen." „Sind das die mit den großen Geweihen?", unterbreche ich meine Mutter ganz aufgeregt. „Ja, genau. Auch du wirst bald ein Geweih haben", verspricht mir Mama.

Es ist Herbst geworden. Das große Ereignis steht bevor: Wir männlichen Hirschkinder wechseln in das Rudel der männlichen Hirsche. Der Anführer, das ist der stärkste Hirsch mit dem größten Geweih, begrüßt uns freundlich:

„Willkommen in unserem Rudel. Ich hoffe, ihr fühlt euch wohl bei uns." „Ganz bestimmt", antwortete ich mutig. Ein wenig vermisse ich schon meine Mama.

Plötzlich sehe ich zwei Hirsche miteinander kämpfen. „Warum kämpfen die beiden?", frage ich erstaunt. Ein etwas älterer Hirsch neben mir antwortet: „Sie kämpfen um ein Weibchen. Nur der stärkste Hirsch darf sich mit einem Weibchen paaren." „Vielleicht bin ich ja mal der stärkste Hirsch", denke ich sehnsüchtig. Das wird jedoch noch einige Zeit dauern. Mein Geweih ist noch ganz klein.
Auf einmal stolpere ich über etwas. Ich schaue auf den Boden und traue meinen Augen nicht: Ein riesiges Hirschgeweih liegt vor mir. „Jemand hat sein Geweih verloren", rufe ich ganz aufgeregt. Die Hirsche um mich herum fangen an, zu lachen. „Das ist mein Geweih vom letzten Jahr. Wir Hirsche verlieren jedes Jahr unser Geweih", erklärt mir der Anführer, „anschließend wächst es wieder nach. Es ist dann noch größer und schöner als im Vorjahr." Ich glaube, ich muss noch viel lernen.

Kinder lernen Waldtiere kennen

Rothirsch

Bilderquiz

1. Was macht das Hirschkälbchen die ersten Tage nach seiner Geburt?

a) ☐ Es spaziert durch den Wald.

b) ☐ Es liegt geduckt im Gebüsch.

2. Nagen Hirsche auch Rinde von den Bäumen?

a) ☐ Ja, sie mögen Rinde und auch Blätter.

b) ☐ Nein, sie fressen am liebsten nur kleine Käfer.

Rothirsch
Bilderquiz

3. Wie verbringen die Hirsche den Winter?

a) ☐ Sie folgen den Wildschweinen, weil diese viel Futter finden.

b) ☐ Sie fressen häufig an einer Futterkrippe.

4. Werfen Hirsche ihr Geweih ab?

a) ☐ Ja, einmal im Jahr bekommen sie ein neues.

b) ☐ Nein, sie behalten immer ihr altes Geweih.

Kinder lernen Waldtiere kennen

Rothirsch

Textquiz

1. Welche Feinde haben Hirschkälber?

a) ☐ Luchse b) ☐ Wölfe c) ☐ Rehe

2. Welchem Rudel schließen sich die Hirschmutter und ihr Kälbchen an?

a) ☐ Sie schließen sich dem Rudel der anderen Weibchen, also den Hirschkühen an.
b) ☐ Sie schließen sich dem Rudel der männlichen Hirsche an.
c) ☐ Sie bleiben immer zu zweit im Wald.

3. Was fressen Hirsche?

a) ☐ Gräser und Kräuter b) ☐ Insekten und Spinnen c) ☐ Rinde und Blätter

4. Was geschieht mit den Hirschen im Winter?

a) ☐ Sie halten in einer Höhle Winterschlaf.
b) ☐ Sie bekommen ein dickeres Fell.
c) ☐ Manchmal finden sie eine Futterkrippe.

5. Wodurch unterscheiden sich männliche Hirsche und Hirschkühe?

a) ☐ durch die Fellfarbe b) ☐ durch das Geweih c) ☐ durch die Nahrung

6. Warum gehen zwei männliche Hirsche mit dem Geweih aufeinander los?

a) ☐ Sie kämpfen darum, wer sich mit dem Weibchen paaren darf.
b) ☐ Sie wollen die anderen Tiere unterhalten.
c) ☐ Sie wollen ihre Geweihe abwerfen.

7. Wie oft stößt der Hirsch sein Geweih ab?

a) ☐ alle 5 Jahre b) ☐ einmal im Jahr c) ☐ zweimal im Jahr

Kinder lernen Waldtiere kennen

Rothirsch

Bewegungsgeschichte

Text	Bewegungsvorschläge
Ein Rudel Hirschkühe zieht mit den Jungen durch den Wald. Sie bleiben immer wieder stehen und reißen Blätter ab. Plötzlich knackt es im Gebüsch. Da sind irgendwo Menschen. Die Hirsche verstecken sich schnell.	*durcheinanderlaufen – stehenbleiben, Mund öffnen und schließen, Kopf dabei vor- und zurückbewegen – innehalten und umsehen – schnell in die Hocke*
Doch was ist da drüben los? Zwei männliche Hirsche kämpfen mit ihren großen Geweihen. Langsam gehen sie aufeinander zu. Sie verhaken ihr Geweih ineinander, stemmen die Beine in den Boden und drücken kräftig: Vor, zurück, vor, zurück. Der Schwächere gibt auf.	*mit dem Zeigefinger nach vorne zeigen – Arme nach oben und „Geweih" formen – zwei Kinder gehen aufeinander zu – versuchen, sich gegenseitig mit dem Kopf wegzuschieben – auseinandergehen*
Das Hirschrudel zieht weiter. Sie fressen Kräuter, Beeren und nagen die Rinde von den Bäumen. Die Leitkuh schlägt plötzlich Alarm: „Lauft, Wölfe in Sicht!" Schnell rennen die Hirsche davon. Doch die Wölfe haben sie entdeckt. Es beginnt eine wilde Verfolgungsjagd.	*weiterlaufen – immer wieder „fressen" und „nagen" – schnell wegrennen (Kinder können sich gegenseitig verfolgen)*
„Alle zum Fluss!", schreit die Leitkuh. Die Wölfe kommen immer näher. Dort! Der Fluss! Alle Hirsche springen hinein und schwimmen ans andere Ufer. Puh! Gerade noch geschafft!	*Hände als Trichter um Mund – mit Finger auf „Fluss" deuten – springen, wie ein Hund paddeln – stehenbleiben und umdrehen*
Am Fluss trifft das Rudel einige männliche Hirsche. Was machen die denn hier? Sie tauchen ihr Geweih in den Fluss. An einem Baum reiben und stoßen sie ihr Geweih. Wumms! Das Geweih ist abgefallen. In wenigen Monaten wird ein neues Geweih wachsen, ein noch viel größeres und schöneres.	*im Stehen oder im Vierfüßlerstand Kopf nach unten senken – zu einem Baum gehen (falls vorhanden) und Kopf daran reiben – bei „wumms" Hände nach unten schleudern – Arme als Geweih über den Kopf strecken*

Tipp: *Es ist hilfreich, wenn Sie vor Beginn der Bewegungsgeschichte mit den Kindern das gegenseitige Wegdrücken üben. Evtl. tun sich auch die Paare vorher zusammen. Die Kinder finden es besonders interessant, wenn sie sich während der Bewegungsgeschichte zwei kleine Stecken, Astgabeln oder Stifte als Geweih an den Kopf halten. Gerade das Reiben und der Geweihabwurf werden dadurch besonders deutlich. Dann müssen aber alle aufpassen, dass sich keiner verletzt.*

Waldmaus

Ausmalvorlage/Steckbrief

Tiergruppe	Säugetier
Systematik	Die Waldmäuse gehören zur Ordnung der Nagetiere. Man unterscheidet 22 Arten von Waldmäusen. In Mitteleuropa sind 2 Arten verbreitet: die Gelbhalsmaus und eine Art, die selber auch Waldmaus heißt.
Verbreitung	Europa und Asien. Waldmaus und Gelbhalsmaus kommen in Deutschland häufig vor. Sie lassen sich aber selten vor Menschen sehen.
Aussehen/Merkmale	hellbraunes bis rötlichbraunes Fell, weiße Unterseite; große schwarze Augen; langer Schwanz, fast so lang wie der gesamte Körper; Barthaare an der Schnauze
Lebenserwartung	ungefähr 2–3 Jahre

Waldmaus

Steckbrief

Lebensraum	Die Gelbhalsmaus ist ein typischer Waldbewohner. Die Waldmaus dagegen ist, trotz ihres Namens, kein ausschließliches Waldtier. Sie bewohnt neben Waldrändern auch Felder, Hecken, Parks und Straßengräben. Waldmäuse graben tiefe Baue mit Schlaf-, Aufzuchts- und Vorratskammern.
Nahrung	Früchte, Samen, Pilze, Wurzeln, junge Triebe, Insekten
Fressfeinde	Greifvögel, Eulen, Füchse, Igel, Ringelnattern, Hermelin, Mauswiesel, Marder, Iltis
Verteidigung	Waldmäuse werden bei Gefahr starr oder flüchten. Sie können gut springen.
Sinnesorgane	Mäuse können nicht besonders gut sehen, haben aber ein sehr gutes Gehör. Sie orientieren sich hauptsächlich mit dem Geruchs- und Tastsinn.
Aktivitätszeit	Mäuse sind dämmerungs- und nachtaktive Tiere.
Revierverhalten	gibt es bei Mäusen nicht
Überwinterung	Waldmäuse halten keinen Winterschlaf, sondern sind das ganze Jahr über aktiv. Für den Winter legen sie eine unterirdische Vorratskammer an. Dort lagern sie Samen und Nüsse.
Nachwuchs	Waldmäuse polstern ihre Nestkammern gut aus. Zwischen April und September bekommen die Weibchen 3- bis 4-mal Junge. Ein Wurf umfasst 2–8 Junge. Die Mäusekinder werden rosa, nackt und blind geboren. Nur die Nagezähne und die Barthaare sind schon vorhanden. Mit Schwanz sind sie kaum so lang wie ein Streichholz und wiegen nur ein Gramm. Die Mutter wärmt und säugt ihre Kleinen. Mäuse sind „Nesthocker". Das heißt, sie kommen völlig hilflos zur Welt und müssen so lange im Nest „hocken" bleiben, bis sie selbstständig genug sind. Ab dem 3. Tag wird die Haut dunkler und die Mäuschen bekommen Haare. Nach ungefähr 14 Tagen haben sie ihr erstes vollständiges Fell, und die Augen öffnen sich. Nach 3–4 Wochen verlassen sie erstmals ihr Nest. Dann kommen sie bald alleine zurecht.

Waldmaus
Sachgeschichte

Ich bin eine kleine Waldmaus und liege gerade in unserem Mäusenest unter der Erde. Genüsslich nage ich an einer leckeren Haselnuss. Neben mir liegt ein riesiger Berg an Nüssen, unser Vorrat für den Winter. Mama hat mir zwar verboten, die Vorräte anzuknabbern, aber ich bin einfach zu faul, mir draußen Futter zu suchen. Plötzlich steckt meine Schwester den Kopf zu mir herein: „He, Brudermaus, komm schnell nach draußen, ich rieche leckeres Futter." Gelangweilt antworte ich ihr: „Das bildest du dir sicher nur ein; heute morgen war überhaupt nichts Essbares vor unserer Höhle zu finden." „Wenn du mir nicht glaubst, dann bleib doch, wo du bist!", piepst meine Schwester beleidigt und flitzt davon. Ich putze und lecke mich von Kopf bis Schwanz.

Auf einmal höre ich draußen Geräusche. Ich schleiche mich an den Eingang und horche gespannt. „Eine Maus ist gekommen und frisst unsere Sonnenblumenkerne", schreit eine Menschenstimme ganz aufgeregt. „Noch eine", brüllt ein andere. „Ihr müsst leise sein, sonst vertreibt ihr sie", zischelt eine Frauenstimme dazwischen. Zum Glück wird es still. Ich klettere ein Stückchen aus der Höhle heraus. Ich traue meinen Augen nicht: Viele Hundert Sonnenblumenkerne liegen verteilt am Waldboden. Und das im November! Das ist ja wirklich unglaublich! Vorsichtig schaue ich mich um. Soll ich es wagen, mir ein paar Kerne zu schnappen? Der Duft ist einfach zu verführerisch! Ich schaue zu der Frau und den Kindern. Mucksmäuschenstill kauern sie zwischen den Heidelbeersträuchern.

„Was meine Schwester kann, traue ich mich auch", denke ich mutig und husche aus meinem Versteck. „Dort ist noch eine Maus herausgekommen", höre ich wieder eine Kinderstimme. Blitzschnell sammle ich einige Kerne und springe zurück in die Höhle. Mmh, vorzüglich! Ich wage es noch einmal. Das Angebot ist einfach zu verlockend.

Plötzlich höre ich die Frau sprechen: „Kommt, ihr Waldmäuse, setzt euch hier auf den Baumstamm, ich lese euch ein Buch über Mäuse vor." Also, jetzt spinnt sie wohl, diese Menschenfrau, sie meint doch nicht im Ernst, dass wir Mäuse mit ihr ein Buch anschauen werden! Die Frau spricht weiter: „Heute ist für unsere Waldmäusegruppe wirklich ein besonderer Tag: Unsere Gruppe nennt sich ‚Waldmäuse' und wir haben tatsächlich echte Waldmäuse gesehen." Erleichtert atme ich auf. Sie hat gar nicht uns Mäuse gemeint, sondern ihre Kindergruppe. Ein bisschen neugierig bin ich trotzdem geworden. Was wohl in dem Mäusebuch steht?

Die Frau beginnt nun, aus ihrem Buch vorzulesen: „Waldmäuse sind Nagetiere und haben zwei große Vorderzähne. Damit knacken sie Nüsse. Sie fressen auch gerne Wurzeln, Beeren, Pilze und Obst. Die Weibchen bekommen mehrmals im Jahr zwischen zwei und acht Babys. Diese sind nackt, rosa und blind.

Waldmaus

Sachgeschichte

Erst später können sie sehen und bekommen ein Fell. Nach ihrer Geburt trinken sie bei ihrer Mutter Milch. Mäuse können gut schwimmen. Sie gehen aber nur ins Wasser, wenn es gefährlich wird. Sie werden von Füchsen, Mardern, Eulen und Greifvögeln gefressen. Mäuse können sehr gut riechen und hören." Neugierig schauen alle Kinder in das Mäusebuch. Nachdem alle genug gesehen haben, schlägt die Frau das Buch zu und sagt zu den Kindern: „Wir tun jetzt so, als wären wir Mäuse." Die Kinder beginnen, zu hüpfen, zu rennen, zu nagen und im Boden zu wühlen.

Was die Menschen sich so einfallen lassen, ist schon seltsam: Verwandeln sich einfach in Mäuse! Aber toll ist es schon, dass sie sich so für uns Mäuse interessieren. „Vielen Dank für die Sonnenblumenkerne", rufe ich der Waldmausgruppe zu. Daraufhin höre ich ein Kind schreien: „Ich habe gerade eine Maus piepsen gehört, die hat sich sicher bei uns bedankt." „Ganz sicher", antwortet die Frau und lacht dabei fröhlich. Gut gelaunt krabble ich in die Höhle und genieße noch ein paar Sonnenblumenkerne.

Kinder lernen Waldtiere kennen

Waldmaus

Bilderquiz

1. Wo wohnen die Waldmäuse?

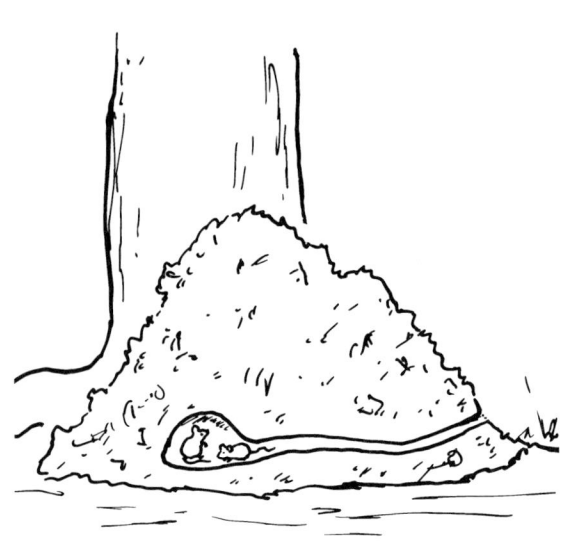

a) ☐ in einem Blätterhaufen

b) ☐ in einer Höhle unter der Erde

2. Wozu brauchen die Mäuse ihre großen Vorderzähne?

a) ☐ um die Geschwister in den Schwanz zu beißen

b) ☐ um eine Nuss zu knacken

Kinder lernen Waldtiere kennen

Waldmaus

— Bilderquiz

3. Können Mäuse schwimmen?

a) ☐ Ja, sie springen aber nur bei Gefahr ins Wasser.

b) ☐ Nein, sie gehen sofort unter.

4. Wer frisst Mäuse?

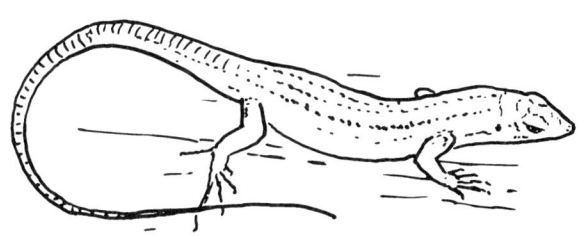

a) ☐ Eulen

b) ☐ Eidechsen

Waldmaus

Textquiz

1. Weshalb liegt ein riesiger Berg Nüsse im Mäusenest?

- **a)** ☐ weil die kleine Waldmaus jeden Tag einen großen Haufen Nüsse frisst
- **b)** ☐ als Vorrat für den Winter
- **c)** ☐ als Geschenk für das Eichhörnchen

2. Wie macht die Maus sich sauber?

- **a)** ☐ Sie putzt und leckt sich.
- **b)** ☐ Sie wäscht sich mit Wasser.
- **c)** ☐ Sie rubbelt den Dreck mit Blättern ab.

3. Was fressen Mäuse?

- **a)** ☐ Käfer
- **b)** ☐ Pilze
- **c)** ☐ Obst

4. Wie viele Babys bekommt das Mäuseweibchen?

- **a)** ☐ einmal im Jahr ein einziges Baby
- **b)** ☐ mehrmals im Jahr zwischen 2 und 8 Babys
- **c)** ☐ mehrmals im Jahr 28 Babys

5. Trinken die Babys Muttermilch?

- **a)** ☐ Ja, denn Mäuse sind Säugetiere.
- **b)** ☐ Nein, sie können sofort nach der Geburt Nüsse fressen.
- **c)** ☐ Nein, die ersten Tage brauchen sie nichts zu trinken.

6. Welche Feinde haben die Mäuse?

- **a)** ☐ Füchse und Marder
- **b)** ☐ Käfer und Fliegen
- **c)** ☐ Eulen und Greifvögel

7. Welcher Sinn funktioniert bei den Mäusen ganz besonders gut?

- **a)** ☐ das Hören
- **b)** ☐ das Sehen
- **c)** ☐ das Riechen

Kinder lernen Waldtiere kennen

Waldmaus

Bewegungsgeschichte

Text	Bewegungsvorschläge
Es ist Abend, und der Mond ist aufgegangen. Die Maus kommt gerade aus ihrer Höhle heraus. Sie ist noch etwas müde. Deshalb macht sie ihre Abendgymnastik.	*Im Stehen die Arme von unten nach oben zu einem Kreis formen – einige Schritte vorwärtsgehen – gähnen*
Sie streckt ihre Vorderpfoten weit von sich, danach ihre Hinterpfoten. Nun macht sie ihre Mundgymnastik; zum Abschluss schüttelt sie ihren ganzen Körper durch.	*zuerst Arme, dann Beine von sich strecken – Mund öffnen und schließen, Zähne zeigen – Körper ausschütteln*
Jetzt ist sie wieder fit. Sie marschiert über Stock und Stein und springt über Baumstämme und Bäche.	*zügig durcheinanderlaufen – Sprünge*
Doch was ist das? Eine Eule kommt angeflogen; sie kommt immer näher. Schnell, versteck dich, Mäuschen! Rasch verkriecht sich die Maus in einem Loch. Puh! Geschafft!	*mit dem Finger zum Himmel zeigen – immer schneller laufen – sich ducken*
Jetzt hat sie aber einen riesigen Hunger. Wo gibt es etwas Leckeres zu fressen? Ah, hier! Ein paar Nüsse und dort ein paar Beeren. Mmh! Mit Genuss verspeist die Maus die feinen Sachen.	*Hand am Bauch kreisen lassen – mit den Händen auf dem Boden „wühlen" – Hände zum Mund führen*
Achtung! Schon wieder Gefahr! Ein Fuchs schleicht sich heran. Schnell rennt die Maus davon. Sie springt in einen Bach und schwimmt ans andere Ufer.	*Kopf drehen – als Fuchs anschleichen, rennen – Sprung und mit den Armen wie ein Hund paddeln*
Jetzt reicht es aber! Sie schwimmt zurück und rennt zu ihrer Mäusehöhle. Sie kuschelt sich an ihre Eltern und schläft bis zum nächsten Abend. Chrrr! Chrrr!	*nochmals Hundepaddeln – kurz rennen – in die Hocke und beide Hände an die Wange – schnarchen*

Kinder lernen Waldtiere kennen

Wildschwein

Ausmalvorlage/Steckbrief

Tiergruppe	Säugetier
Systematik	Das Wildschwein gehört zur Familie der Echten Schweine. Es ist ein Paarhufer. In Europa kommt nur eine Art vor. Das männliche Wildschwein wird **Keiler**, das weibliche Tier **Bache** genannt. Das Jungtier nennt man ein Jahr lang **Frischling** und danach **Überläufer**.
Verbreitung	Das Wildschwein lebt von Natur aus in ganz Europa und Asien. In den USA, in Südamerika und in Australien wurden Wildschweine eingebürgert. Da Wildscheine gerne Feldfrüchte fressen, haben Menschen sie viel gejagt.
Aussehen/Merkmale	großer Kopf; kleine Ohren; kurzer, unbeweglicher Hals; kräftiges Gebiss mit großen Unterkiefer-Eckzähnen; lange Schnauze; schwarz-braunes Fell. Das Fell der Frischlinge ist gelblich-braun mit Längsstreifen, die nach 3–4 Monaten verschwinden. Wildschweine können ihr Fell nicht mit ihrer Schnauze pflegen. Um die Insekten im Fell loszuwerden, suhlen sie sich erst im Schlamm und scheuern anschließend ihren Körper an Bäumen. Schlamm- und Wasserbäder dienen auch der Abkühlung, denn Wildschweine können nicht schwitzen.

Wildschwein

— Steckbrief

Lebenserwartung	In Freiheit bis 10 Jahre; in Gefangenschaft bis 20 Jahre
Lebensraum	Wildschweine bevorzugen Laub- und Mischwälder mit sumpfigen Gebieten. Sie können sich aber verschiedenen Lebensräumen schnell anpassen, da sie Allesfresser sind.
Nahrung	Bucheckern, Eicheln, Wurzeln, Pilze, Kräuter, Klee, Kartoffeln, Mais, Getreide, Würmer, Schnecken, Mäuse, tote Tiere, Abfall
Fressfeinde	In Deutschland kaum, da Wolf, Luchs und Braunbär selten hier leben. Jungtiere werden gelegentlich von Füchsen, Wildkatzen oder Uhus erbeutet.
Verteidigung	Wildschweinmütter greifen an, um ihre Jungen zu verteidigen.
Sinnesorgane	hervorragender Geruch, gutes Gehör, schlechtes Sehvermögen
Aktivitätszeit	Von Natur aus sind Wildschweine tagsüber aktiv. Weil sie viel gejagt wurden, sind sie heute nachtaktiv.
Revierverhalten	weibliche Wildschweine leben in Gruppen (Rotten) zusammen, die sich aber auch wieder auflösen können. In einem Gebiet können mehrere Rotten leben. Wenn sie sich treffen, gehen sie sich aus dem Weg. Keiler sind Einzelgänger.
Überwinterung	Wildschweine sind das ganze Jahr über aktiv.
Nachwuchs	Im Herbst suchen die Männchen die Weibchen. Wenn zwei Keiler sich für eine Bache interessieren, versuchen sie, sich gegenseitig einzuschüchtern: Sie scharren mit den Hinterbeinen, schlagen die Kiefer aufeinander und drücken sich mit den Schultern weg. Wenn das nicht hilft, kämpfen die Keiler und versuchen, sich mit ihren Eckzähnen zu verletzen. Das Weibchen sucht für die Geburt einen trockenen und sonnigen Platz. Mit einem weichen Graspolster und einem Blätterdach bereitet es ein Nest. Es vertreibt auch den männlichen Nachwuchs vom Vorjahr. Eine Wildschweinmutter bekommt im Durchschnitt sieben Frischlinge. Sie werden zwischen März und Mai geboren. Die ersten Lebenstage bleibt die Mutter im Nest und säugt die Kleinen. Je nach Wetter verlässt sie es mit ihren Jungtieren nach 1–3 Wochen. 1 Jahr lang bleibt die Wildsau mit ihrem Nachwuchs zusammen. Manchmal bleiben die weiblichen Jungen auch länger. Die Mutter leitet dann die Familiengruppe, die sich aber auch wieder trennen kann. Das kann geschehen, wenn sie nicht genügend Nahrung finden oder wenn sie gejagt werden.

Kinder lernen Waldtiere kennen

Wildschwein

Sachgeschichte

Hallo, ich bin ein kleines Wildschwein und habe sieben Geschwister. Vor ein paar Wochen bekam Mama uns Achtlinge. Ich war das achte Wildschwein, das meine Mama geboren hat. Nach der Geburt war Mama sehr erschöpft. Wir acht Frischlinge, wie man uns neugeborene Wildschweine nennt, hatten sofort Hunger. Mama legte sich seitlich auf den Boden, damit wir an ihren Milchzitzen trinken konnten.

Ich hatte mir einen guten Platz ausgesucht, aber meine Geschwister wollten alle an genau der gleichen Zitze saugen. Ein großes Gedränge und Gewusel begann. Ich hatte Glück. Ich schaffte es, die beste Zitze zu ergattern. Sie gehört nun für die gesamte Stillzeit mir.

In unserem Nest haben wir es richtig gemütlich. Mama hatte vor unserer Geburt ein großes, rundes Loch in die Erde gescharrt, den Boden mit Gras ausgepolstert und ein Dach aus Blättern gebaut. Niemand kann das Nest von außen sehen.

„Was habt ihr denn für seltsame Streifen auf dem Rücken?", frage ich eines Abends meine Geschwister. „Die Streifen hast du auch, du dummes Ferkel", erwidert mein Bruder unfreundlich. Sofort stoße ich ihn mit meiner Schnauze zu Boden. „Ruhe, bitte!", grunzt Mama ärgerlich, „ich möchte schlafen." „Warum hast du keine Streifen, Mama?", frage ich. Mama erklärt mir: „Eure Streifen verschwinden etwa drei Monate nach der Geburt. Mit den Streifen seid ihr auf dem Waldboden gut getarnt. So können euch Feinde nicht so leicht entdecken. Kleine Wildschweine leben nämlich gefährlich:

Als ich vor zwei Jahren Frischlinge hatte und sie gerade säugte, stieg mir der Geruch eines Wolfes in die Nase. Ich kletterte blitzschnell aus dem Nest, sodass das Blätterdach zusammenstürzte. Meine Kleinen waren zu Tode erschrocken. Leider konnte ich sie in diesem Augenblick nicht trösten. Ihr Leben war ja in Gefahr! Tatsächlich stand ein Wolf einige Meter vor mir. Außer mir vor Wut rannte ich auf ihn zu. Stellt euch vor, was nun passierte: Als ich mich gerade auf ihn stürzen wollte, machte er einen Schritt zur Seite. Ich konnte nicht mehr abbremsen

Wildschwein

Sachgeschichte

und knallte mit meiner Schnauze an einen Baum. Das hat ganz schön wehgetan! Der Wolf war wohl ziemlich erschrocken und rannte davon. Ich stürmte sofort zu meinen Frischlingen. Was für ein Glück, keines war verletzt! Nur ich hatte eine blutende Nase. Ich tröstete mich selbst: Lieber eine blutende Nase, als vom Wolf verschlungene Babys."

Nach so einer aufregenden Geschichte wollen wir unbedingt ein Schlammbad nehmen. Nicht weit von unserem Nest entfernt gibt es richtig schöne schlammige Pfützen. Wir springen hinein und wälzen uns wohlig hin und her.
Da kommt ein Dachs vorbei und meckert: „Das ist ja mal wieder typisch. Stinkige Schweine im stinkigen Schlamm. Habt ihr nichts Besseres zu tun?" „Wir stinken nicht", grunze ich empört, „wir sind saubere Tiere." „Sauber?", erwidert der Dachs ungläubig. „Der Schlamm ist alles andere als sauber." Grunzend entgegne ich ihm: „Wir müssen uns im Schlamm suhlen, weil er uns im Sommer kühlt. Der Schlamm überzieht auch die Insekten in unserem Fell. Nach dem Schlammbad reiben wir unseren Körper an einem Baum, sodass die Schlammkruste mit den toten Insekten abfällt. Außerdem baden wir uns auch oft in frischem Wasser." Der Dachs schüttelt ungläubig seinen Kopf und trottet davon. Ich weiß nicht, ob er mir geglaubt hat. Aber ich habe doch nur die Wahrheit gesagt!

Nach unserem Bad haben wir natürlich großen Hunger. Mit unseren flachen Rüsseln durchwühlen wir den Boden nach Essbarem. Wir finden Würmer und Eicheln. Manchmal schmeckt uns auch eine Maus recht gut. Walderdbeeren sind meine Lieblingsfrüchte, meine Geschwister mögen lieber Heidelbeeren. Wenn ich noch größer und stärker bin, werde ich auch mal ein Reh oder einen Hasen erlegen. Mama meint, das sei gar nicht so einfach.
Esst ihr eigentlich Wildschweinbraten? Ich hoffe nicht!

Kinder lernen Waldtiere kennen

Wildschwein

Bilderquiz

1. Was tun die neugeborenen Wildschweine nach der Geburt?

a) ☐ Sie trinken Muttermilch.

b) ☐ Sie halten erst mal ihren Winterschlaf.

2. Wie sehen die Frischlinge aus?

a) ☐ Sie haben ein ganz langes Fell.

b) ☐ Sie haben Streifen auf dem Rücken.

Wildschwein

Bilderquiz

3. Wie werden Wildschweine nach dem Schlammbad ihre Insekten los?

a) ☐ Sie reiben ihren Körper an einem Baum.

b) ☐ Sie lecken sich gegenseitig das Fell sauber.

4. Wie finden die Wildschweine etwas zu fressen?

a) ☐ Sie durchwühlen den Boden mit ihrem Rüssel.

b) ☐ Sie sperren ihren Mund auf, damit Insekten hineinfliegen.

Kinder lernen Waldtiere kennen

Wildschwein

Textquiz

1. Wie werden die neugeborenen Wildschweine genannt?

a) ☐ Streiflinge   b) ☐ Frischlinge   c) ☐ Säuglinge

2. Worum streiten sich die neugeborenen Wildschweine?

a) ☐ um den besten Platz im Schatten
b) ☐ um die Zitzen beim Säugen
c) ☐ darum, wer auf den Rücken der Wildschweinmutter klettern darf

3. Wo bringt die Wildschweinmutter ihre Jungen zur Welt?

a) ☐ in einem Erdloch mit einem Blätterdach
b) ☐ in einem unterirdischen Bau
c) ☐ im hohen Gras

4. Weshalb haben die jungen Wildschweine ein gestreiftes Fell?

a) ☐ Sie sehen so hübscher aus.
b) ☐ Das gestreifte Fell wärmt sie besser als ein graubraunes.
c) ☐ Mit den Streifen sind sie gut getarnt. Feinde können sie nicht so leicht entdecken.

5. Ein Wolf steht vor dem Wildschweinnest. Wie reagiert Mama Wildschwein?

a) ☐ Sie wartet ab, bis der Wolf verschwunden ist.
b) ☐ Um ihre Jungen zu schützen, greift sie den Wolf an.
c) ☐ Sie duckt sich ganz tief auf die Erde.

6. Warum wälzen sich Wildschweine so gerne im Schlamm?

a) ☐ Dort stinkt es so schön, Wildschweine lieben Gestank.
b) ☐ Die lästigen Insekten sterben durch das Schlammbad ab.
c) ☐ Der Schlamm kühlt sie in der Sonne.

7. Was fressen Wildschweine?

a) ☐ Wildschweine ernähren sich nur von Tieren.
b) ☐ Wildschweine fressen nur Pflanzen.
c) ☐ Wildschweine mögen Tiere, sie fressen aber auch Pflanzen und Früchte.

Kinder lernen Waldtiere kennen

Wildschwein

Bewegungsgeschichte

Text	Bewegungsvorschläge
Willi, das kleine Wildschwein schläft in seinem Erdloch. „Willi, aufstehen, du musst baden!", ruft seine Mama. „Ich will aber nicht, ich bin viel zu müde", gähnt Willi. „Du musst aber. Heute ist doch das große Wildschweinrennen", erinnert ihn seine Mutter. Willi springt sofort auf.	*seitlich am Boden liegen oder im Stehen Kopf auf gefaltete Hände legen, laute Schnarchgeräusche von sich geben – recken und gähnen – aufstehen*
Willi nimmt Anlauf und springt in den Bach. „Platsch!" Es ist sehr kalt, aber wunderschön. Willi planscht und spritzt. Er klettert heraus und schüttelt sich. Nun ist er wach.	*Anlauf nehmen, springen und in der Hocke landen – mit den Armen herumfuchteln – auf allen vieren krabbeln, Körper ausschütteln*
Jetzt noch ein wenig Gymnastik: „Hoch, tief, hoch, tief, strecken, anziehen, strecken, anziehen". Das tut gut. Willi sucht sich ein paar Eicheln. Er schnüffelt hier und dort, grunzt und schmatzt.	*auf allen vieren den Rücken rund machen und geradestrecken, Arme und Beine im Wechsel ausstrecken – umherschnüffeln, grunzen und schmatzen*
„Willi, wir müssen gehen", ermahnt ihn seine Mutter. Fröhlich läuft Willi mit seinen Geschwistern zum Startplatz. 50 kleine Wildschweine warten schon aufgeregt auf das Rennen. Schnell in die Startposition: „Auf die Plätze, fertig, los!"	*Hände als Trichter um Mund legen – im aufrechten Gang oder auf allen vieren zu einem gedachten Startplatz marschieren – typische Leichtathletik-Startposition einnehmen – losrennen*
Willi rennt, so schnell er kann: Rechtskurve, Linkskurve. Achtung! Bäume im Weg! Überspringen! Oh! Das war der falsche Weg! Schnell zurück! Hier ist der richtige Weg. Endlich, das Maisfeld! Stehenbleiben, Mais mampfen und wieder weiterrennen. Das Ziel ist erreicht.	*durcheinanderrennen – Vierteldrehung nach rechts und links – mehrere Sprünge – rückwärtslaufen – wieder vorwärtslaufen – stehenbleiben, Kaubewegung, weiterrennen*
„Juchhu!" Willi hat es geschafft! Als Belohnung bekommt jedes Wildschwein drei Maiskolben. Mampf, schmatz, grunz! Ist das lecker. Glücklich gehen alle nach Hause.	*Arme nach oben reißen – ausführlich kauen, schmatzen, grunzen – im aufrechten Gang oder im Vierfüßlerstand gehen*

Wolf

Ausmalvorlage/Steckbrief

Tiergruppe	Säugetier
Systematik	Wölfe gehören innerhalb der Gruppe der Raubtiere zu den Hundeartigen. Da Wölfe sehr unterschiedliche Lebensräume bewohnen, gibt es viele verschiedene Rassen, Unterarten und Sonderformen. Die in Europa vorkommende Art heißt Grauwolf.
Verbreitung	Der Wolf war ursprünglich in ganz Europa, Asien, Nordafrika und Nordamerika verbreitet. Besonders in Westeuropa und in Nordamerika wurde er von Menschen ausgerottet, in Deutschland vor ungefähr 100 Jahren. Seit über 10 Jahren kommen wieder Wölfe aus den Nachbarländern im Osten nach Deutschland.
Aussehen/Merkmale	Der Grauwolf sieht einem Schäferhund ähnlich: lange Schnauze, schwarz-grau-rötliches Fell; Raubtiergebiss mit langen Eckzähnen; langer, buschiger Schwanz.
Lebenserwartung	in freier Wildbahn ungefähr 7 Jahre
Lebensraum	in Deutschland vor allem Wälder
Nahrung	Hirsche, Rehe, Wildschweine, Hasen, Kaninchen, Mäuse, Früchte und Haustiere, zum Beispiel Schafe. Wenn es wenig Nahrung gibt, fressen sie auch tote Tiere und Abfall.
Fressfeinde	Ausgewachsene Wölfe haben keine Fressfeinde. Welpen könnten von Luchsen angegriffen werden.

Wolf

Steckbrief

Verteidigung Die festgelegte Rangordnung im Wolfsrudel verhindert Streit. Der Wolf mit dem niedrigeren Rang gibt nach. Bei Auseinandersetzungen im Rudel wird nicht wirklich fest zugebissen. Diese „Beißhemmung" ist ein angeborenes Verhalten.

Sinnesorgane hervorragender Geruchssinn; sehr gutes Gehör; kein besonderes Sehvermögen, nachts sieht ein Wolf aber besser als ein Mensch.

Aktivitätszeit Von Natur aus sind Wölfe am Tag aktiv.

Revierverhalten Wölfe wandern vor allem entlang ihrer Reviergrenzen, die sie häufig markieren. Das Heulen der Wölfe dient dazu, die Rudelmitglieder zusammenzuhalten und fremde Wölfe vom Revier fernzuhalten. Wenn trotzdem ein fremder Wolf in das Revier eindringt, wird er sofort vertrieben. Kann er nicht schnell genug flüchten, wird er getötet.

Überwinterung Spätestens Anfang Herbst verlassen die Wölfe ihr Sommerquartier und gehen auf Wanderschaft. Den gesamten Winter gehen sie auf Jagd.

Nachwuchs Ein Wolfsrudel wird von einem Paar angeführt, dem Alpha-Wolf und der Alpha-Wölfin. Nur diese beiden Wölfe paaren sich einmal jährlich im Spätwinter. Wenn sich andere Tiere paaren wollen, verhindern das die Anführer. Dieses Verhalten ist sinnvoll, da ein Rudel nicht mehr als einen Wurf ernähren könnte. Kurz vor der Geburt gräbt sich die werdende Mutter eine Höhle und verkriecht sich darin. Meist werden 5 oder 6 Welpen mit geschlossenen Augen und taub geboren.
Kein anderes Mitglied aus dem Rudel darf in die Höhle, nicht einmal der Vater. Wenn sie 3 Wochen alt sind, beginnen die Kleinen, zu sehen, zu hören, zu krabbeln und miteinander zu spielen. Im Alter von etwa 4 Wochen kommen die Welpen zum ersten Mal aus der Höhle. Dann können sie auch Fleisch fressen. Wenn das Rudel unterwegs ist, bleibt immer mindestens ein Wolf als „Babysitter" zurück. Er spielt mit den Kleinen und hält nach Gefahren Ausschau. Wenn die anderen Wölfe von der Jagd kommen, betteln die Welpen sie an. Die Alten würgen dann Futter hervor. Wölfe erziehen ihre Kinder mit Zähneblecken und Knurren. Wenn das nichts nützt, beißt der große Wolf dem kleinen über die Schnauze. Dabei beißt er jedoch nie fest zu. Die Welpen wissen nun, wo der Spaß aufhört. Anfang Herbst geht das Rudel mit den Welpen auf Wanderschaft.

Kinder lernen Waldtiere kennen

Wolf

Sachgeschichte

Heute, genau um Mitternacht, werden ich und meine drei Geschwister in einer gemütlichen Höhle geboren. Meine Augen sind noch geschlossen, aber ich fühle das weiche Fell meiner Geschwister. Auf Mamas Bauch kuscheln wir uns aneinander, um es schön warm zu haben. Immer wieder suche ich Mamas Zitze und trinke die warme Milch. Plötzlich steht Mama auf. Platsch! Alle vier liegen wir auf dem kalten Boden und winseln jämmerlich. Mama packt uns vorsichtig mit ihren Zähnen und legt uns wieder auf ihren Bauch zurück.

Die ersten zwei Wochen vergehen ganz schnell: Wir tun nichts anderes als trinken und schlafen. Eines Tages kann ich auf einmal die Augen öffnen. Auch meine Geschwister haben sie geöffnet und schauen mich neugierig an. Ich krabbele in alle Ecken und Winkel der Höhle, klettere über meine Mutter und beiße sie ins Ohr. Das tut ihr aber nicht weh, denn wir haben noch keine Zähne.

Als mich meine Geschwister gerade von Mamas Bauch herunterschubsen wollen, steckt plötzlich ein anderer Wolf seinen Kopf in die Höhle und brummt: „Hallo ihr Kleinen, darf ich mal zu euch reinkommen?" Mama knurrt bedrohlich: „Verschwinde sofort, sonst ziehe ich dir die Ohren lang!" So wütend haben wir Mama noch nicht erlebt. Erschrocken verzieht sich der Eindringling. Mama möchte mit uns alleine sein, nicht einmal Papa darf uns besuchen. Das Einzige, was er darf, ist, für Mama Fleisch bringen. Sie muss sich ja um uns kümmern und hat deshalb keine Zeit, zu jagen.

Wir sind schon vier Wochen alt und haben inzwischen richtige Zähne bekommen. Endlich ist es so weit: Wir dürfen das erste Mal aus der Höhle heraus. Puh, ist das hell da draußen! Ein bisschen ratlos bleiben wir am Höhleneingang stehen. Plötzlich entdecke ich Mama und rufe aufgeregt: „Hurra, da kommt Mama. Sie hat Fleisch für uns!"

Als meine Geschwister das hören, rennen sie los und stürzen sich auf das Fleisch. „Halt, ich will auch etwas abbekommen", schreie ich ihnen hinterher.

Kinder lernen Waldtiere kennen

Wolf

Sachgeschichte

Doch es ist zu spät. Sie haben alles verschlungen und mir kein bisschen übrig gelassen. Wütend knurre ich die anderen an und zeige ihnen meine Zähne. „Das nächste Mal fresse ich alles alleine auf, ihr Gierhälse!", brülle ich sie an. Doch das kümmert meine Geschwister wenig. Eins habe ich jedenfalls gelernt: Nicht lange warten und so viel fressen wie möglich.

Mit meinen Geschwistern tobe und raufe ich viel. Das macht mir großen Spaß. So können wir sehen, wer der Stärkste von uns ist. Das ist wichtig, weil jeder einen festen Platz im Rudel haben muss. Ich bin der Zweitstärkste, mein Bruder ist auf Platz 1. Auch erwachsene Wölfe kämpfen um die Rangordnung. Mama und Papa sind der stärkste Wolf und die stärkste Wölfin. Sie führen das Rudel an. Man nennt sie Leitwölfe. Nur die beiden dürfen zusammen Kinder bekommen. Wenn noch mehr erwachsene Wölfe Kinder hätten, würde die Nahrung nicht für uns alle reichen.

Heute sind die Großen wieder auf Jagd. Damit uns nichts passiert, haben sie aber einen Aufpasser zurückgelassen. Er guckt aber gerade nicht, also ziehe ich los, um die Gegend zu erkunden.

Neugierig schnüffle ich hierhin und dorthin. Diese Beeren hier riechen eigentlich ganz lecker. Plötzlich höre ich unseren „Babysitter" wuffen. Das bedeutet: Gefahr! Ich renne blitzschnell zur Höhle zurück. Dort bekomme ich zur Strafe einen Biss über die Schnauze und eine Strafpredigt: „Ein Luchs war ganz in der Nähe, beinahe hätte er dich geschnappt. Du darfst nicht zu weit von der Höhle weglaufen. Wie oft habe ich dir das schon gesagt?"

Zum Glück kehren gerade die anderen von der Jagd zurück. Das bedeutet Futter! Wir Kinder betteln solange, bis die Erwachsenen für uns Fleisch aus ihrem Magen herauswürgen. Ich schnappe mir ein Stück der Beute und schleppe sie in ein Versteck.

Eines Tages ist es dann so weit: Unsere Leitwölfe heulen; wir dürfen jetzt mit auf die Jagd. Ich freue mich riesig! Endlich sind wir keine Babys mehr!

Kinder lernen Waldtiere kennen

127

Wolf

Bilderquiz

---

1. **Möchte die Wolfsmutter Besuch bei ihren Neugeborenen?**

a) ☐ Ja, sie freut sich über Besuch.

b) ☐ Nein, sie knurrt bedrohlich und vertreibt den Besuch.

2. **Was bringt Mama Wolf den Kindern zu fressen?**

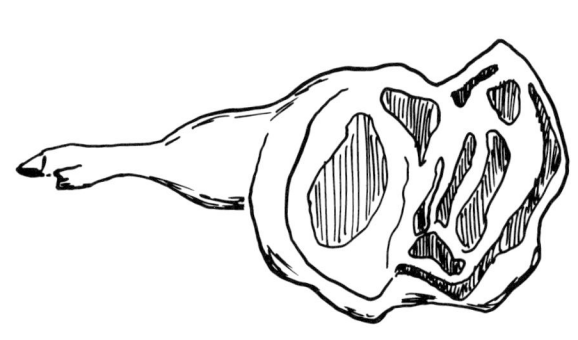

a) ☐ Fleisch

b) ☐ Eicheln

Wolf
Bilderquiz

3. Wie finden die Wolfskinder heraus, wer der Stärkste ist und Anführer wird?

a) ☐ Sie kämpfen im Spiel miteinander.

b) ☐ Das bravste Wolfskind wird Anführer.

4. Was tun die Leitwölfe, wenn sie auf die Jagd gehen wollen?

a) ☐ Sie heulen.

b) ☐ Sie wedeln mit dem Schwanz.

Kinder lernen Waldtiere kennen

Wolf

Textquiz

1. Wo bringt die Wölfin ihre Jungen auf die Welt?

a) ☐ im Gebüsch b) ☐ auf dem Baum c) ☐ in einer Höhle

2. Wie ernähren sich die neugeborenen Welpen?

a) ☐ Sie fressen Fleischstücke. b) ☐ Sie trinken bei ihrer Mutter Milch. c) ☐ Sie fressen Nüsse und Früchte.

3. Warum raufen Wölfe?

a) ☐ Sie wollen die großen Wölfe ärgern. b) ☐ Sie mögen sich nicht und wollen sich verletzen. c) ☐ Sie können sehen, wer der Stärkste ist.

4. Wer führt das Wolfsrudel an?

a) ☐ Der stärkste Wolf und die stärkste Wölfin im Rudel sind die Leitwölfe. b) ☐ Keiner, alle Wölfe entscheiden gemeinsam. c) ☐ Die Wölfe wechseln sich jede Woche als Anführer ab.

5. Was geschieht mit den Kleinen, wenn die Erwachsenen jagen gehen?

a) ☐ Sie bleiben alleine und spielen. b) ☐ Sie haben einen Aufpasser, der sie beschützt.

c) ☐ Sie reiten auf dem Rücken der Großen mit zur Jagd.

6. Vor welchem Tier müssen sich die Welpen in Acht nehmen?

a) ☐ vor dem Luchs b) ☐ vor dem Hirsch c) ☐ vor dem Dachs

7. Wie bringen die erwachsenen Wölfe den Kindern die Beute?

a) ☐ Sie tragen große Stücke Fleisch in ihren Pfoten. b) ☐ Die Wölfe würgen das Fleisch aus ihrem Magen hervor. c) ☐ Sie binden die Beute am Schwanz fest und ziehen sie hinter sich her.

Wolf

Bewegungsgeschichte

Text	Bewegungsvorschläge
Hört ihr die Wölfe heulen? Sie wollen auf die Jagd gehen. Der Leitwolf gibt den Befehl zum Aufbruch. Das ganze Rudel zieht los. Sie laufen durch große Wälder und springen über Bäche. Immer wieder hinterlassen sie ihre Duftmarke.	*heulen wie die Wölfe und durcheinanderlaufen, einige Sprünge – Po nach hinten strecken und leicht in die Knie gehen (mehrmals)*
Die Wölfe haben großen Hunger. Dort auf der Wiese, ein Reh! Sie rennen los. So ein Pech! Es ist spurlos verschwunden. Morgen haben sie sicher mehr Glück. Im Gebüsch lassen sie sich nieder. Gute Nacht, ihr Wölfe, schlaft gut!	*Hände auf den Bauch legen – mit dem Zeigefinger nach vorn zeigen – rennen – stoppen – sich auf den Boden legen und die Augen schließen oder hinhocken*
Am nächsten Morgen fangen die Wolfskinder an, zu spielen. Sie springen umher, rempeln sich an und beißen sich leicht ins Fell. „Schluss jetzt, Kinder!", ruft der Anführer. Er zeigt seine scharfen Zähne. Die Kinder gehorchen sofort.	*aufstehen und umherspringen – ein Kind neben sich leicht rempeln und spielerisch „beißen" – Hände als Trichter um den Mund – Zähne zeigen und knurren*
Es ist Winter geworden. Ein Glück, dass die Wölfe ein dickes Fell haben. Die Leitwölfin gräbt eine Höhle und legt sich hinein. Sie wartet auf ihre Babys. Da sind sie endlich! Sechs süße kleine Welpen. Sie liegen mit geschlossenen Augen bei ihrer Mama und trinken Milch.	*sich über den Körper streichen – Kopf nach unten und mit den Händen Grabbewegung, seitlich auf den Boden legen – Augen schließen und Sauggeräusche machen*
Doch bald schon verlassen sie die Höhle. Die großen Wölfe kommen gerade von der Jagd. „Bitte, Papa Wolf, gib uns ein Stück Fleisch!", betteln die Kleinen. Papa Wolf spuckt das Fleisch aus seinem Mund. Die Kinder stürzen sich gierig darauf. Sie fangen an, zu kämpfen und zu streiten. Jeder will das größte Stück.	*im Vierfüßlerstand krabbeln – im Fersensitz Hände falten und „betteln" – Spuck- oder Würgebewegung – sich gierig auf das „Fleisch" stürzen – mit seinem Nachbarn spielerisch kämpfen*
Hört ihr wieder das Heulen? Der Leitwolf ruft zum Aufbruch. Die Wölfe ziehen wieder los, durch Wälder, Wiesen und Felsen. „Tschüß, ihr Wölfe, macht's gut, bis zum nächsten Jahr."	*aufstehen – wie die Wölfe heulen – durcheinanderlaufen – winken*

Tipp: *Wenn es von der Gruppe her möglich ist, können die Kinder auch versuchen, als „Rudel" zu laufen.*

Kinder lernen Waldtiere kennen

Kinder lernen Waldtiere kennen

Komm, wir spielen!

→ Bewegungsspiele
→ Versteckspiele
→ Sinnesspiele
→ Geschicklichkeitsspiele
→ Tierratespiele

Komm, wir spielen!
Bewegungsspiele

1
Die Bären begrüßen die Bäume

Spielort: überall, wo es Bäume gibt

Teilnehmerzahl: ab 2

Material: keines

So geht's:
Erzählen Sie: „Mitten im Wald wohnt eine Bärenfamilie. Jeden Morgen wacht sie auf und krabbelt aus ihrer Bärenhöhle. Zufrieden schauen sich die Bären um. Sie sind glücklich, in einem so schönen Wald wohnen zu dürfen. Jeden Morgen begrüßen sie alle Bäume um sie herum. Sie gehen zu jedem Baum und umarmen ihn. Auch wir Menschen brauchen den Wald und die Bäume. Deshalb machen wir es jetzt wie die Bären. Wir umarmen die Bäume."
Gehen Sie nun von Baum zu Baum und legen Sie Ihre Hände um den Baum. Dazu sagen Sie: „Hallo, lieber Baum! Schön, dass du da bist." Alle Kinder laufen umher und umarmen nun selbst die Bäume.

Tipp: *Bei etwas älteren Kindern können Sie als zusätzliche Motivation die Anzahl der Bäume erwähnen, die die Bären heute Morgen begrüßt haben (z.B. 10, 15 oder sogar 20).*

2
Kleiner Wolf, wie lange schläfst du noch?

Spielort: größere, ebene Fläche

Teilnehmerzahl: ab 3

Material: kleine Decke

So geht's:
Ein kleiner Wolf schläft in seiner Höhle. Er liegt unter der Decke. Die anderen Wölfe sind schon längst erwacht. Sie möchten endlich mit ihrem kleinen Bruder spielen. Sie stehen im Kreis um ihn herum und fragen lautstark: „Kleiner Wolf, wie lange schläfst du noch?" Der kleine Wolf denkt sich eine Zahl aus und antwortet daraufhin: „Fünf Tage." Die anderen Wölfe klatschen 5-mal in die Hände und zählen dabei: „Eins, zwei, drei, vier, fünf." Bei „fünf" erhebt sich der kleine Wolf und versucht, die nervige Wolfsbande zu fangen. Wer gefangen ist, wird die nächste Schlafmütze.

Tipps: *Bei einer größeren Gruppe können mehrere kleine Wölfe Fänger sein. Es kann vorkommen, dass die kleinen Wölfe sehr hohe Zahlen nennen (z.B. 100). In diesem Fall zählen Sie mit den Kindern am besten in Zehnerschritten bis Hundert: 10, 20, 30, …*

Komm, wir spielen!

Bewegungsspiele

3

Zauberhafte Käfer

Spielort: überall

Teilnehmerzahl: ab 2

Material: keines

So geht's:

Käfer ist nicht gleich Käfer. Viele Käferarten unterscheiden sich in Aussehen und Lebensweise. In diesem Spiel verwandeln sich die Kinder in verschiedene Käfer.

Vor Spielbeginn besprechen Sie mit den Kindern, welche unterschiedlichen Käfer es gibt. Hier einige Beispiele:

1. Der **Feld-Sandlaufkäfer** lebt auf dem Boden und kann schnell laufen. Er hat grüne Flügeldecken und cremefarbene Flecken. Er ist ein Räuber. Das Typische aller Laufkäfer ist, wie der Name schon sagt, dass sie auf dem Boden laufen und nicht fliegen.

2. Der **Bombardierkäfer** kann sich bei Störung oder Gefahr mit einem explosionsartigen Knall gegen kleine Feinde wie Ameisen verteidigen: In Bruchteilen von Sekunden kann er aus seinem Hinterleib ein bis zu 100 Grad Celsius heißes Gemisch aus Wasserdampf, Sauerstoff und Chinonen ausstoßen.

3. **Schwimmkäfer**, z.B. der Gelbrandkäfer, leben im Wasser und bewegen beim Schwimmen ihre Hinterbeine gleichzeitig. Mit der Hinterleibsspitze schöpfen sie Luft an der Wasseroberfläche.

4. Der **Wald-Mistkäfer** rollt Kot (weitere Infos siehe Steckbrief, S. 76/77).

5. Beim **Hirschkäfer-Männchen** sind die Oberkiefer geweihähnlich vergrößert, beim Weibchen kurz und zangenförmig. Wollen sich mehrere Männchen mit demselben Weibchen paaren, kommt es zwischen den Männchen zum Kampf. Sie versuchen, sich mit ihren Geweihen gegenseitig umzustoßen.

6. **Marienkäfer** kennen alle Kinder. Oft sieht man sie auch fliegen.

7. **Haselnussbohrer** kommen vor allem auf Haselnusssträuchern vor. Die Weibchen legen ihre Eier in junge Haselnüsse. Das mit dem Rüssel gestochene Loch wächst zu, innen lebt die Larve von der reifenden Nuss.

Die Verwandlung der Käfer leiten Sie oder ein Kind als Spielleiter jeweils mit folgendem Satz ein: „Ich bin der Zauberer Stinkifein und ihr sollt alle …käfer sein." Dieser Zauberspruch wird mit Armen und Beinen fuchtelnd sehr geheimnisvoll gesprochen. Die Kinder ahmen den genannten Käfer in folgender Weise nach:

1. **Feld-Sandlaufkäfer:** auf allen vieren krabbeln

2. **Bombardierkäfer:** Po nach hinten und lautstark „Peng" rufen

3. **Schwimmkäfer:** Schwimmbewegungen am Boden oder im Stehen

4. **Wald-Mistkäfer:** in gebeugter Haltung rückwärtsgehen und mit den Händen so tun, als ob man eine Kugel rollt

5. **Hirschkäfer:** zu zweit sich gegenseitig wegdrücken.

6. **Marienkäfer:** Flugbewegungen mit den Armen

7. **Haselnussbohrer:** Mit dem Zeigefinger (Rüssel) Schraubbewegungen.

Tipp: Sie können auch mit einigen wenigen Käferarten beginnen.

Komm, wir spielen!

Bewegungsspiele

4

Mäuschen, komm raus aus deinem Häuschen!

Spielort: ebene Fläche

Teilnehmerzahl: ab 5

Material: keines

So geht's:
Ein Kind wird zum Mäuschen bestimmt, ein anderes Kind zur Eule. Die anderen Kinder spielen das „Häuschen" (= Mäusehöhle), indem sie sich im Kreis an den Händen fassen. Das Mäuschen stellt sich in die Kreismitte, die Eule außerhalb des Kreises.
Die Kinder im Kreis rufen: „Mäuschen, komm raus aus deinem Häuschen!" Das Mäuschen schlüpft zwischen den Armen zweier Kinder aus der Mäusehöhle. Nun muss die Eule versuchen, die Maus zu fangen.
Diese darf immer mal wieder in die Mäusehöhle flüchten, muss aber an anderer Stelle wieder nach außen kommen.

Ist die Maus schon sehr erschöpft, hat sie 2-mal die Möglichkeit, kurz in der Kreismitte zu verweilen. Durch den Spruch: „Mäuschen, komm raus aus deinem Häuschen!" wird die Maus zum Rausschlüpfen ermahnt. Wenn die Eule die Maus gefangen hat, werden zwei andere Kinder zu Maus und Eule bestimmt.

Tipp: Die Kinder helfen der Maus, indem sie ihre Arme heben und senken.

5

Luchs in Lauerstellung

Spielort: weiträumige, ebene Fläche

Teilnehmerzahl: ab 3

Material: Seil oder andere Gegenstände zum Kennzeichnen der Futterstelle

Info: Während des Anschleichens geht der Luchs immer wieder in Lauerstellung, um im geeigneten Augenblick, wenn er sich der Beute auf ca. 6 Meter genähert hat, loszustürmen. Er kann auf kurze Entfernungen sein Tempo stark beschleunigen. Diese hohe Geschwindigkeit hält er aber nicht über größere Strecken durch. Nach etwa 20 Metern Verfolgung gibt der Luchs meistens auf.

So geht's:
Zuerst werden ein Spielleiter und ein Luchs bestimmt, alle anderen Kinder sind Rehe. Die Reh-Kinder krabbeln auf allen vieren. Ein ziemlich ausgehungerter Luchs hat schon einige Tage nichts mehr erbeutet. Er steht auf einem Ausguck, ein Stück entfernt von den anderen Kindern. Auf einmal entdeckt er einige Rehe im Wald, die an einer Futterstelle fressen. Der Luchs schleicht sich heran und geht immer wieder in Lauerstellung. Hat er sich bis auf wenige Meter herangepirscht, greift er an. Sobald der Luchs angreift, laufen die Rehe weg. Der Spielleiter zählt nun laut bis 20. Gelingt es dem Luchs nicht, in dieser Zeit ein Reh zu fangen, darf ein anderes Kind sein Jagdglück probieren.

Tipp: Es können auch mehrere Luchse Fänger sein. Die Luchse müssen dann jedoch zeitgleich angreifen.

Komm, wir spielen!

Bewegungsspiele

6 Katz und Maus

Spielort: breite, ebene Fläche

Teilnehmerzahl: ab 2

Material: evtl. eine Schnur

So geht's:
Jeweils zwei Kinder schließen sich zu Katz und Maus zusammen. Bei einer ungeraden Anzahl ist ein Kind der Spielleiter. Alle Katzen stellen sich nebeneinander in eine Reihe. In ca. 1,5 Meter Entfernung platzieren sich die Mäuse genau vor „ihre Katzen". Der Spielleiter spricht folgenden Spruch: „Die Katz fängt ihre Maus und bringt sie schnell ins Haus." Bei „Haus" klatscht er in die Hände. Erst jetzt dürfen die Mäuse davonrennen.

Das Ziel (= Mäuseloch) ist 20–30 Meter vom Start entfernt. Falls keine natürliche Begrenzung (z.B. Hecke) vorhanden ist, kann das Ziel mit einer Schnur gekennzeichnet werden. Schafft es die Katze, ihre Maus zu fangen?

Tipp: Wichtig ist, dass die Kinder in gerader Richtung davonlaufen, um Zusammenstöße zu vermeiden.

7 Leben wie die Hirsche

Spielort: überall, wo es Bäume gibt

Teilnehmerzahl: ab 2

Material: tragbares Musikabspielgerät, Trommel o.Ä.

So geht's:
Die Kinder laufen in Begleitung von Musik oder einer Handtrommel durcheinander. Stoppt die Musik (Handtrommel), rufen Sie den Kindern zu, was die Hirsche gerade machen:

- **Haut des Geweihs am Baum abstreifen:** Kopfoberseite an einen Baum, Kopf nach links und rechts wenden
- **Geweih abwerfen:** Kinder schütteln den Kopf hin und her
- **lautstark röhren**
- **kämpfen:** zu zweit zusammengehen und sich gegenseitig wegdrücken
- **Blätter abzupfen:** auf allen vieren grasen spielen
- **Hirschkälbchen säugen:** zu zweit zusammengehen und Sauggeräusche machen
- **Rinde abnagen:** am Baum nagen spielen
- **ausruhen:** in die Hocke oder hinlegen
- **Achtung, Jäger:** Sie versuchen, die Hirsche mit Säckchen oder kleinen Softbällen abzuwerfen

Nach jeder Tätigkeit setzt die Musik wieder ein.

Tipp: Besonders bei jüngeren Kindern sollten die Verhaltensweisen der Hirsche vorab besprochen und vor Spielbeginn ausprobiert werden.

Kinder lernen Waldtiere kennen

Komm, wir spielen!

Versteckspiele

1

Das Eichhörnchen sucht seine Nüsse

Spielort: überall, wo man etwas vergraben kann

Teilnehmerzahl: ab 2

Material: Nüsse, Eicheln oder andere kleine Gegenstände

Info: Im Herbst sucht das Eichhörnchen viele Nüsse. Es isst einige sofort, die anderen vergräbt es in der Erde. Im Winter hält das Eichhörnchen in seinem Nest Winterruhe. Ab und zu schlüpft es aus seinem Kobel und sucht nach den vergrabenen Nüssen. Wird es sie finden?

So geht's:
Geben Sie den Kindern ein paar Nüsse. Jedes Kind vergräbt seine Nüsse in der Erde – alle an einer Stelle oder an verschiedenen Plätzen. Einige Zeit später, z.B. am Ende eines Waldbesuchs, müssen die Kinder ihre Nüsse wieder finden. Schaffen sie es nicht, ist das nicht schlimm: An den vergessenen Stellen werden vielleicht Bäume wachsen.

2

Auf den Spuren der Tiere

Spielort: Wald/Park/Wiese/Garten

Teilnehmerzahl: ab 2

Material: je Spielerpaar 10 Wäscheklammern an einen Pappteller gesteckt; für jedes Paar eine andere Farbe

So geht's:
Wenn Sie im Wald oder Park spielen, legen Sie die Grenzen eines kleineren Gebietes mit den Kindern vor Spielbeginn fest. Reden Sie mit ihnen über das Thema „Tierspuren". Fragen Sie z.B., ob sie schon einmal Spuren von Tieren gesehen haben und welche Spuren es gibt. Das können Federn von Vögeln, Fußabdrücke im Schnee, Erdhügel von Maulwürfen, abgenagte Fichtenzapfen von Eichhörnchen und Buntspechten usw. sein.
Anschließend bilden die Kinder Spielerpaare und wählen eine Farbe. Ein Kind ist der „Spurenleger", das andere Kind der „Spurenleser". Die „Spurenleger" ziehen los und hinterlassen ihre Spuren, indem sie die Wäscheklammern an Sträucher zwicken. Sobald ein Spurenleger seine Spuren gelegt hat, kehrt er zu seinem Spielpartner zurück und überreicht ihm den leer gewordenen Teller.
Der „Spurenleser" geht nun auf Spurensuche und steckt seine gefundenen Klammern an den Papierteller. Bei Bedarf kann der „Spurenleger" Tipps geben. Sind alle 10 Spuren gefunden, tauschen die Kinder die Rollen.

Achtung: Achten Sie darauf, dass die Kinder alle 10 Wäscheklammern auch wieder einsammeln.

Komm, wir spielen!

Versteckspiele

③ Tierstation-Rallye

Spielort: Wald/Park mit unterschiedlichen Baumarten

Teilnehmerzahl: ab 2

Material: für jede Station ein Bild mit dem entsprechenden Tier (Sie können z.B. die Ausmalbilder auf buntes Tonpapier kleben oder kopieren), Schnur zum Befestigen, Honigbonbons oder einen anderen süßen Schatz, Naturgegenstände, wie Baumzapfen, Nadelzweige …

So geht's:
Vor dem Eintreffen der Kinder hängen Sie die Tierbilder mit Schnüren an Bäume oder Büsche. In der Nähe der Bärenstation verstecken Sie einen süßen Schatz. Nun gehen die Kinder alle zusammen auf Tierbildersuche. Haben sie ein Tier entdeckt, erklären Sie, was bei dieser Station zu tun ist.

Tipp: Sie können die Bilder auch auf einem festgelegten Spazierweg platzieren.

→ Station Eichhörnchen
Eichhörnchen nagen gerne die Samen aus den Baumzapfen. Die Kinder probieren, was man sonst noch alles mit Zapfen anstellen kann. Hier einige Vorschläge:
- Zapfen werfen: möglichst hoch und weit werfen; durch die Beine werfen; auf einen Baum zielen
- Zapfen balancieren: auf Kopf, Handrücken, Schulter
- mit Zapfen Fußball spielen, als Tor dienen die gegrätschten Beine

Tipp: Am einfachsten ist es, wenn die Station neben einem Nadelbaum mit Zapfen ist. Wenn nicht, können Sie Zapfen mitbringen.

→ Station Igel
Das Typische am Igel sind seine Stacheln. Alle Kinder suchen nun etwas Stacheliges und pieksen sich vorsichtig an verschiedenen Stellen des Körpers. Wo piekst es am meisten? Wenn die Kinder Baumnadeln benutzen, können sie sie anschließend in der Hand verreiben und daran riechen.

Tipps: Günstig ist es, die Station in der Nähe von einem Nadelbaum, einer Kastanie oder einer Buche zu errichten.

→ Station Hirsch
Hirsche fressen gerne viele Blätter. Die Kinder gehen nun auf Blättersuche. Sie sollen viele verschiedene Blattarten sammeln. Unbekannte Blätter können Sie anschließend in einem Bestimmungsbuch nachschlagen.

Tipp: Achten Sie darauf, dass unterschiedliche Bäume in der Nähe stehen. Die Kinder sollen sich nicht zu weit entfernen.

→ Station Eule
Ein Kind ist die Eule, die anderen sind Mäuse. Während die Eule schläft, verstecken sich die Mäuse. Wenn die Eule aufwacht, fliegt sie los und geht auf Mäusejagd.
Im Anschluss können die Kinder auf dem Boden ein „Eulengesicht" legen. Sie sammeln Naturgegenstände und versuchen, das typische Aussehen einer Eule darzustellen: Zum Beispiel einen Fichtenzapfen für den Hakenschnabel, große Steine für die großen Augen, Federn, Gras oder Moos für die Federn usw.

→ Station Bär
Ein Bär hat einen sehr guten Geruchssinn, und er liebt Süßes, zum Beispiel Honig. Die Kinder spielen Bären und versuchen, den „Honig", also die versteckten Süßigkeiten, zu finden.

Kinder lernen Waldtiere kennen

Komm, wir spielen!

Versteckspiele

4 Dachse und Füchse graben um die Wette

Spielort: überall, wo es ein wenig „dreckig" werden darf; am besten direkt in einem Sandkasten

Teilnehmerzahl: ab 2

Material: je Spielerpaar ein Gefäß (z.B. Plastikschüssel) und einen kleinen Gegenstand als „Maus", passend zur Größe der Schüssel (z.B. Gummimäuse, Edelsteine, Murmeln); Sand oder Erde

So geht's:
Dachs und Fuchs ruhen gerade in ihrem gemeinsamen Bau. Plötzlich hören sie immer wieder ein Piepsen. Ist da etwa eine Maus in der Nähe? Neugierig fangen beide an, zu graben. Wird einer der beiden eine Maus finden?

→ **Variante 1:**
Je zwei Kinder füllen sich gemeinsam eine Schüssel mit Sand oder Erde. Ein Kind versteckt die „Maus" im Gefäß, das andere versucht mit geschlossenen Augen, die „Maus" mit den Händen zu erfühlen. Rollentausch!

→ **Variante 2:**
Dachs und Fuchs treten gegeneinander an: Verstecken Sie die „Maus" in der Schüssel. Die beiden Kinder graben um die Wette. Sieger ist, wer die Maus zuerst erfühlt hat.

→ **Variante 3:**
Nachdem die „Maus" versteckt wurde, holen die Kinder abwechselnd eine Handvoll Sand aus der Schüssel und leeren die Hand aus. Wer die Maus zuerst in der Hand hat, ist Sieger.

5 Die große Wildschweinjagd

Spielort: Wald/Park oder anderer Ort mit Versteckmöglichkeiten

Teilnehmerzahl: ab 2, mindestens 2 erwachsene Begleitpersonen

Material: Papierteller in der Anzahl der Kinder, Wäscheklammern

So geht's:
Erzählen Sie folgende wahre Geschichte: „Im Fürther Stadtwald leben viele Wildschweine in einem Gehege. Vor einigen Jahren war ein heftiger Sturm. Ein großer Baum fiel auf den Zaun. Zwölf Wildschweine brachen aus und liefen in den Wald. Einige von ihnen überquerten sogar eine Straße im Ort. Der Förster konnte sie wieder in ihr Gehege zurückholen. Dort wurde Futter ausgelegt, das die Wildschweine anlockte. Habt ihr Lust, auch auf Wildschweinjagd zu gehen?"
Die Gruppe teilt sich in eine „Wildschwein-Gruppe" und eine „Fänger-Gruppe" mit je einer erwachsenen Begleitperson. Jedes „Wildschwein" erhält einen Papierteller mit angesteckten Wäscheklammern als Spuren. Die Wildschweine bekommen ca. zehn Minuten Vorsprung. Sie hinterlassen immer wieder Spuren, indem sie die Wäscheklammern an Bäume und Sträucher zwicken. Die Fänger folgen den Spuren und stecken die gefundenen Wäscheklammern an ihren Papierteller. Am Ende der Spur verstecken sich die Wildschweine. Sie müssen von den Fängern gefunden und eingefangen werden.

Tipps: Damit nicht immer die Schnellsten die Wäscheklammern nehmen, können Sie die Anzahl der Klammern, die sich ein Kind an den Teller stecken darf, begrenzen.

Komm, wir spielen!

Sinnesspiele

① Fledermaus auf Beutefang

Spielort: überall

Teilnehmerzahl: ab 5

Material: Augenbinden (z.B. Stirnband oder Schal), evtl. 2 Seidentücher als „Flughäute"

Info: Fledermäuse gehen nachts auf Insekten- und Spinnenjagd. Dabei stoßen sie Suchlaute im Ultraschallbereich aus. Trifft dieser Laut auf ein Beutetier, so kommt ein Echo zur Fledermaus zurück. Diese weiß nun, wo sich das Tier befindet und steuert darauf zu. Ist das Insekt oder die Spinne direkt vor der Fledermaus, führt sie das Opfer mit ihrem Flügel in ihr Maul. Jagt sie im Wald, muss sie das Echo der Bäume vom Echo der Tiere unterscheiden.

So geht's:
In diesem Spiel jagt die Fledermaus im Wald. Ein Kind spielt die Fledermaus, die anderen Kinder teilen sich in Insekten und Bäume auf. Die Insekten überlegen sich, welches Insekt sie sind, z.B. Mücke, Fliege, Schnake, Nachtfalter. Der Fledermaus werden die Augen verbunden. Wer möchte, kann aus zwei Seidentüchern „Flughäute" der Fledermaus nachbilden. Dabei wird an beiden Ärmeln oben und unten ein Tuch mit Sicherheitsnadeln festgesteckt. Die Insekten und Bäume verteilen sich mit einigen Metern Abstand um die Fledermaus. Damit die Fledermaus eine Chance hat, ein Insekt zu fangen, müssen alle Insekten und Bäume während des Spiels an der gleichen Stelle stehen bleiben. Die Insekten können, wenn sie wollen, ihre Arme als Flügel auf- und abbewegen. Die Fledermaus gibt nun Suchlaute von sich. Dazu ruft sie: „Insekten". Sowohl die Insekten als auch die Bäume müssen gleichzeitig ein „Echo" von sich geben. Die Insekten rufen zurück, welche Insektenart sie sind, z.B. „Mücke". Die Bäume rufen „Baum". Die Fledermaus versucht nun, anhand der „Echos" ein Insekt zu fangen. Hat sie versehentlich einen Baum gefangen, muss sie weitersuchen. Immer wieder gibt sie Suchlaute von sich. Das Spiel endet, wenn ein oder mehrere Insekten gefangen wurden.

Kinder lernen Waldtiere kennen

Komm, wir spielen!

Sinnesspiele

2

Das kranke Wildschwein

Spielort: überall

Teilnehmerzahl: ab 3

Material: Zapfen oder andere Gegenstände; Korb oder andere Behälter, Augenbinden (z.B. Stirnband oder Schal)

So geht's:
Willi, das kleine Wildschwein, ist heute krank geworden. Er liegt nachts auf seinem Blätterbett und ist zu schwach, um aufzustehen. Seine Eltern sind noch auf Futtersuche. Willi fühlt sich sehr allein und hat riesigen Hunger. Wollen wir für Willi ein paar Maiskolben sammeln, damit er wieder gesund wird?

Ein oder zwei Kinder spielen das kranke Wildschwein und suchen sich etwas entfernt ein Plätzchen. Wenn die Kinder möchten, können sie vorher noch ein Wildschwein-Bettchen bauen, z.B. aus Blättern. Die Sonne ist noch nicht aufgegangen. Im Maisfeld ist es sehr dunkel. Den Kindern werden deshalb die Augen verbunden. Viele Maiskolben (Zapfen oder andere Gegenstände) liegen auf dem Boden. Die Kinder erfühlen mit ihren Händen, wo sich die Maiskolben befinden. Haben sie einen ertastet, versuchen sie, ihn in den am Boden bereitgestellten Korb zu legen. Sind alle Maiskolben im Korb, darf die Augenbinde abgenommen werden. Gemeinsam gehen die Kinder zu Willi und füttern ihn mit dem Mais. Willi schmatzt, grunzt und freut sich riesig.

3

Kitzel den Fuchs!

Spielort: überall

Teilnehmerzahl: ab 2

Material: Natur- oder Alltagsgegenstände, die sich unterschiedlich anfühlen; Augenbinden (z.B. Stirnband oder Schal)

Info: Füchse haben sehr gute Sinnesorgane. Sie riechen, sehen und hören sehr gut. Auch besitzen sie einen ausgeprägten Tastsinn.

So geht's:
Die Kinder erhalten den Auftrag, Naturgegenstände zu sammeln, die sich unterschiedlich anfühlen: etwas Hartes, etwas Weiches und etwas Spitzes. Alle Gegenstände werden auf einen Haufen gelegt. Einem Kind, das den Fuchs spielt, werden die Augen verbunden. Nacheinander streichen nun die Kinder die verschiedenen Gegenstände über die Innenseiten der Unterarme, den Nacken und evtl. auch über das Gesicht. Mal sehen, ob diese Kitzelmassage dem Fuchs gefällt.

→ **Variante:**
Das Ganze können Sie auch als Ratespiel durchführen: Die Kinder wählen zwei Gegenstände aus, z. B. Stein und Nadelzweig. Sie teilen sie dem Fuchs mit und berühren ihn nacheinander damit. Der Fuchs muss nun raten, ob es der Stein oder der Zweig war.

Tipps: Bei jüngeren Kindern sind zwei Dinge zum Raten ausreichend. Ältere Kinder können auch drei oder vier Gegenstände erraten. Stehen keine Naturmaterialien zur Verfügung, kann das Spiel auch mit anderen Alltagsgegenständen gespielt werden.

Komm, wir spielen!

Sinnesspiele

4

Eichhörnchen, wo ist dein Nest?

Spielort: überall, wo es Bäume gibt

Teilnehmerzahl: ab 2

Material: Augenbinden (z.B. Stirnband oder Schal)

So geht's:

Ein Kind ist das Eichhörnchen und prägt sich einen Baum, auf dem sein Nest errichtet ist, gut ein. Es fühlt und riecht an seinem Baum und umarmt ihn. Anschließend werden dem Kind die Augen verbunden und es wird 3-mal im Kreis gedreht.

Nun führt ein anderes Kind es zu zwei oder drei Bäumen. Darunter befindet sich auch sein Baum mit dem Eichhörnchennest. Anhand von Fühlen, Riechen und Umarmen muss das Kind raten, welches der Bäume „sein" Baum ist. Ein Eichhörnchen muss schließlich sein Nest wiederfinden!

Tipp: Bei jüngeren Kindern wählt man nur zwei Bäume aus. Diese sollten sich durch die Stammgröße und die Rinde gut unterscheiden. Bei älteren Kindern können mehrere und ähnlichere Bäume gewählt werden.

5

Achtung, Ameise spritzt Säure!

Spielort: überall, wo es nass werden darf

Teilnehmerzahl: ab 4

Material: Plastiksprühflasche, wie sie zum Bügeln verwendet wird, oder Wasserpistole; Augenbinden (z.B. Stirnband oder Schal)

So geht's:

Wenn Ameisen sich bedroht fühlen, spritzen sie Säure. Dies können die Kinder anhand eines Spiels nachvollziehen. Zuerst besprechen Sie mit den Kindern, welche Tiere einen Ameisenhaufen zerstören können, z.B. Dachse, Wildschweine.

Ein Kind setzt sich nun als „Ameisensoldat" mit verbundenen Augen auf den Boden. Als „Waffe" hat es eine Sprühflasche in der Hand. Die anderen Kinder schleichen sich als feindliche Tiere nun kreisförmig an.

Hört die Ameise ein Geräusch, so spritzt sie in diese Richtung. Ist ein Feind getroffen, muss er ein paar Meter zurück und sich von Neuem anschleichen.

Komm, wir spielen!

Sinnesspiele

6

Eule, was frisst du heute?

Spielort: überall

Teilnehmerzahl: ab 6

Material: Augenbinden (z.B. Stirnband oder Schal)

So geht's:
Die Eule jagt nach ihrem Gehör. Sie hat sehr gute Ohren und frisst u.a. gerne Mäuse und Frösche.
Ein Kind wird zur Eule bestimmt, zwei weitere Kinder jeweils zu Maus und Frosch.
Zur Rollenverteilung können die Kinder auch Karten ziehen. Alle Kinder bilden einen Kreis. Der Eule werden die Augen verbunden; sie steht in der Mitte des Kreises. Die Eule läuft nun zu einem Kind und fasst es an. Dieses Kind gibt nun einen Tierlaut von sich.
An diesem Laut muss die Eule erkennen, ob sie geeignete Beute gefunden hat. Muht z.B. das Kind wie eine Kuh, so muss die Eule zu einem anderen Kind gehen. Quakt das Beutetier wie ein Frosch, darf die Eule die Augenbinde lösen und ihre Beute „mit Haut und Haaren verschlingen". Danach werden neue Eulen, Mäuse und Frösche bestimmt.

Tipps: Bei jüngeren Kindern reicht es, wenn die Eule nur auf Mäusejagd geht. Bei älteren Kindern können mehrere Beutetiere ins Spiel gebracht werden. Bei einer großen Anzahl von Mitspielern können auch mehrere Eulen jagen.

7

Reglose Rehe

Spielort: sauberer und trockener Untergrund

Teilnehmerzahl: ab 2 (1 Feind und 1 Kitz)

Material: Augenbinden (z.B. Stirnband oder Schal)

Info: In den ersten Lebenstagen haben Rehkitze noch keinen Eigengeruch. Sie ducken sich reglos ins hohe Gras, sodass Feinde (z.B. Füchse, Wildschweine, Wölfe) sie nicht bemerken.

So geht's:
Die Mitspieler teilen sich in Kitze und Feinde. Die Kinder, die die Feinde spielen, können sich überlegen, ob sie Wildschweine, Füchse, Wölfe oder Luchse sind. Die Kitze legen sich verteilt auf den Boden, die Feinde erhalten eine Augenbinde und gehen in den Vierfüßlerstand. Die Feinde müssen nun krabbelnd auf die Suche nach den Kitzen gehen. Hat ein Feind ein Kitz gefunden, verlassen beide das Spielfeld. Gespielt wird eine bestimmte Zeit. Alle Kitze, die danach nicht gefangen sind, haben Glück gehabt und sind entwischt.

Tipp: Größe des Spielfeldes so wählen, dass die Suche weder zu schwer, noch zu leicht ist!

Kinder lernen Waldtiere kennen

Komm, wir spielen!

Geschicklichkeitsspiele

1. Das Trommeln des Spechtes

Spielort: überall

Teilnehmerzahl: ab 2

Material: eine Handtrommel oder zwei leere Kokosnussschalen

Info: Um ein Weibchen anzulocken und um ihren Revieranspruch zu demonstrieren, trommeln Spechte mit ihrem Schnabel gegen morsches Holz. Dabei entstehen alle paar Sekunden kurz andauernde Trommelwirbel.

So geht's:
Imitieren Sie das Trommeln des Spechtes mit einer Handtrommel oder mit Kokosnussschalen. Dabei wechseln sich langsame Schläge mit schnelleren Schlägen und kurzen „Trommelwirbeln" ab. Die Kinder versuchen, sich nach dem Rhythmus der Trommel zu bewegen:

- im Stehen mit den Füßen auf Boden stampfen
- im Stehen oder Sitzen in die Hände oder auf die Oberschenkel schlagen
- laufen und bei jedem Trommelschlag abwechselnd linken und rechten Fuß aufsetzen (auch rückwärts probieren)
- mit den Händen an eine Wand oder auf den Boden schlagen
- im Kreis hintereinandersitzend dem vorderen Kind leicht auf den Rücken klopfen; anschließend bei jedem Schlag sich gemeinsam vor- und zurückbeugen

2. Bären sammeln Beeren

Spielort: überall, wo es Sträucher gibt

Teilnehmerzahl: ab 2

Material: viele bunte Wäscheklammern

Info: Bären sind eigentlich fast immer hungrig. Daher kommt auch der Ausdruck „einen Bärenhunger haben". Dass der Bär gern Honig frisst, weiß fast jeder, aber dass er auch gerne Beeren nascht (z.B. Heidelbeeren), ist für viele neu.

So geht's:
Gemeinsam mit den Kindern werden die Wäscheklammern als Beeren an Sträucher geklammert. Nun teilen Sie die Kinder in Gruppen ein. Jede Gruppe erhält einen Namen: z.B. Braunbären, Kragenbären, Brillenbären. Jeder Teilnehmer bekommt eine kleine Tüte. Nun geht es ans Beerensammeln. Ziel ist, möglichst viele „Beeren" von den Sträuchern zu pflücken und in die Tasche zu stecken. Wenn alle Beeren gepflückt sind, werden sie gruppenweise gezählt. Welche Bären waren die fleißigsten?

Komm, wir spielen!

Geschicklichkeitsspiele

3

Tiere, rettet euch!

Spielort: im Freien oder innen (z.B. Turnhalle/Gymnastikraum)

Teilnehmerzahl: ab 2

Material: am Boden liegender Baumstamm oder umgedrehte Turnbank als Brücke

So geht's:
Im Wald ist ein großes Feuer ausgebrochen. Alle Tiere flüchten. Sie kommen an eine große Schlucht, über die nur eine Brücke führt. Die Kinder spielen nun verschiedene Tiere, die sich über die Brücke retten: Die Käfer krabbeln auf allen vieren, die Frösche machen Hockwenden, die Vögel und Schmetterlinge „fliegen" usw.

Tipp: *Gerade jüngere Kinder mögen es sehr, sich als „Feuerwehrleute" zu betätigen. Einige können dann während der Rettung der Tiere das Feuer löschen.*

4

Wechselt das Bäumchen!

Spielort: überall, am besten, wo es Bäume gibt

Teilnehmerzahl: ab 2

Material: keines; falls keine Bäume vorhanden, Gegenstände auslegen, z.B. Reifen

So geht's:
Jedes Kind sucht sich einen Baum. Ein Spielleiter ruft beispielsweise: „Wechselt das Bäumchen als Eichhörnchen!" Alle Kinder imitieren das genannte Tier und suchen dabei einen anderen Baum. Dabei darf natürlich auch je nach Tierart gegrunzt, gequakt, gebrüllt usw. werden. Bei jeder Runde wird ein neues Tier genannt. Die Kinder mögen es, wenn man ihre Vorschläge dabei aufgreift. Wenn die Kinder das Spiel kennen, kann auch ein Kind Spielleiter sein.

→ **Varianten:**
- Alle Tiere dürfen sich nur rückwärts oder seitwärts fortbewegen.
- Alle Tiere versuchen, einen Baum mit geschlossenen Augen zu erreichen.

Komm, wir spielen!

Geschicklichkeitsspiele

(5) Futter für die Vogelbabys

Spielort: überall

Teilnehmerzahl: ab 2

Material: Brezeln, Teller, Tischdecke oder Tablett

Info: Sind im Frühjahr die Vogelbabys geschlüpft, so wird es für die Vogeleltern ziemlich anstrengend. Unzählige Male fliegen sie los, um Futter für die Kleinen zu beschaffen.

So geht's:
Eine größere Unterlage, z.B. eine Tischdecke oder ein Tablett, ist die Futterstelle der Vögel. Dort werden Brezeln ausgebreitet. Für jeden Mitspieler legen Sie einige Meter entfernt leere Teller als Vogelnester hin. Jedes Kind denkt sich eine Vogelart aus, die es gerne sein möchte, z.B. Rotkehlchen, Amsel, Buchfink, Singdrossel. Nach dem Startzeichen schnappt sich jedes Kind mit dem Mund eine Brezel und läuft zu seinem „Nest". Dort lässt es die Brezel auf den Teller fallen und läuft zurück zur „Futterstelle". Das Spiel endet, wenn alle Brezeln im Nest sind. Anschließend dürfen die Kinder das Futter aufessen.

Kinder lernen Waldtiere kennen

Komm, wir spielen!

Tierratespiele

1 Welches Tier bin ich?

Spielort: überall
Teilnehmerzahl: ab 2
Material: keines

So geht's:
Wählen Sie aus den unten angeführten Tieren eines aus und lesen Sie den Kindern die dazugehörigen Sätze vor. Die Kinder sollen abwarten, bis alles ganz vorgelesen wurde. Erst dann dürfen sie raten, um welches Tier es sich handelt. Ist das Rätsel für die Kinder zu schwer, werden ihnen drei Tiere zur Auswahl gestellt. Haben die Kinder das Tier erraten, zeigen Sie ihnen die entsprechende Bildkarte. Wer möchte, kann Mannschaften bilden. Jede Mannschaft einigt sich leise auf ein Tier und gibt verschiedene Hinweise. Für jedes richtig geratene Tier gibt es einen Punkt.

Hier nun einige Beispiele für Tierrätsel:

→ **Eichhörnchen:**

1. Ich wohne in einem Nest hoch oben in den Bäumen.
2. Ich putze mich mehrmals am Tag.
3. Mit meinen spitzen Krallen kann ich Bäume gut hochklettern.
4. Ich kann viele Meter weit springen.
5. Im Herbst verstecke ich Nüsse, im Winter suche und fresse ich sie.
6. Meine Feinde sind Marder und Raubvögel.
7. Meinen schönen buschigen Schwanz benutze ich als Kopfkissen.

Hilfestellung: Bin ich ein Eichhörnchen, ein Fuchs oder ein Specht?

→ **Ameise:**

1. Ich bin ein sehr kleines Tier.
2. Ich lebe mit vielen anderen Tieren zusammen.
3. Ich lebe auf dem Boden im Wald.
5. Menschen und größere Tiere können meinen Wohnort leicht zerstören.
6. Ich jage vor allem Insekten. Meinem Opfer spritze ich Säure in den Körper.
7. Bei uns legt nur die Königin Eier.

Hilfestellung: Bin ich ein Käfer, ein Schmetterling oder eine Ameise?

→ **Dachs:**

1. Ich schlafe unter der Erde.
2. Nachts gehe ich auf Jagd.
3. Ich kann sehr gut graben.
4. Ich mag es, wenn mein Bau ganz sauber ist.
5. Meinen Bau teile ich oft mit Füchsen.
6. Ich fresse gerne Tiere, aber auch Pflanzen.
7. Ich habe ein gestreiftes Gesicht.

Hilfestellung: Bin ich ein Dachs, ein Regenwurm oder ein Maulwurf?

→ **Uhu:**

1. Ich habe sehr gute Ohren.
2. Lautlos gleite ich durch die Nacht.
3. Meine Kinder schlüpfen aus Eiern.
4. Ich fresse Mäuse, Vögel und Eidechsen.
5. Ich schlucke meine Beute mit Haut und Haaren. Nach einigen Stunden spucke ich Fell, Haut und Knochen wieder aus.
6. Ich habe einen Hakenschnabel.
7. Wenn mich jemand beim Schlafen stört, reiße ich die Augen auf, klappere mit dem Schnabel und sträube mein Gefieder.

Hilfestellung: Bin ich eine Fledermaus, ein Uhu oder ein Schmetterling?

Kinder lernen Waldtiere kennen

Komm, wir spielen!

Tierratespiele

→ Fledermaus:

1. Ich fliege wie ein Vogel, bin aber keiner.
2. Am liebsten fresse ich Insekten und Spinnen.
3. Wenn ihr Glück habt, könnt ihr mich nachts fliegen sehen.
4. Den Winter verbringe ich mit vielen anderen Artgenossen in einer Höhle.
5. Ich hänge immer mit dem Kopf nach unten.
6. Beim Jagen stoße ich Suchlaute aus und bekomme ein Echo zurück.
7. Manche Menschen glauben, ich sauge aus ihnen Blut.

Hilfestellung: Bin ich ein Marienkäfer, ein Flugsaurier oder eine Fledermaus?

→ Braunbär:

1. Ich bin ein großes Tier. Wenn ich mich aufrichte, bin ich größer als ein Mensch.
2. Ich habe ein dickes Fell, scharfe Zähne und große Krallen.
3. Meine Nase riecht außerordentlich gut.
4. Ich fresse gern Ameisen, Beeren und Honig.
5. Früher wurde ich von den Menschen gejagt.
6. Meine Krallen sind sehr nützlich: Ich kann wie eine Katze Bäume hochklettern und kann mit ihnen sogar Blaubeeren pflücken. Oft hinterlasse ich an Bäumen Kratzspuren.
7. In einer Höhle kommen im Winter die Babys zur Welt.

Hilfestellung: Bin ich ein Wolf, ein Braunbär oder ein Fuchs?

Tipps: *Weitere Rätsel können Sie leicht anhand der Steckbriefe selbst erfinden. Auch die Kinder können sich selbst Rätsel ausdenken.*

② Tiere gesucht!

Spielort: überall

Teilnehmerzahl: 3–15

Material: Bildkarten, ausgeschnitten und laminiert oder foliert

So geht's:
Die Kinder sitzen im Kreis, in der Mitte liegen verdeckt die Bildkarten. Alle ziehen nacheinander Karten, so lange, bis der Stapel aufgebraucht ist. Sollte die Anzahl der Karten nicht durch die Zahl der Kinder teilbar sein, nehmen Sie die übrigen Karten an sich. Die Kinder schauen sich ihre Karten an. Dann stellen Sie, oder später auch die Kinder, Fragen, z.B.:

- Wer hat ein Säugetier?
- Wer hat ein Tier, das Winterschlaf hält?
- Wer hat einen Pflanzenfresser?
- Wer hat ein Insekt?
- Wer hat einen Vogel?
- Wer hat ein Tier, das seine Jungen unter der Erde zur Welt bringt?
- Wer hat einen Allesfresser?
- Wer hat ein Tier mit einem braunen Fell?
- Wer hat ein Tier mit Flügeln?
- Wer hat ein Raubtier?

Die Kinder, die glauben, dass eins ihrer Tiere die erfragten Eigenschaften aufweist, legen die entsprechende Karte in die Kreismitte. Dann überlegen alle gemeinsam, ob die richtigen Tiere abgelegt wurden.

Sie können das Spiel auch nach Punkten spielen. Jedes Kind, das seine Karte richtig in der Mitte ablegt, erhält einen Punkt.

Kinder lernen Waldtiere kennen

Komm, wir spielen!
Tierratespiele

3
Zwitschern, piepsen, brummen

Spielort: überall

Teilnehmerzahl: ab 8 (gerade Anzahl)

Material: Tierkarten. Hierfür können Sie die Ausmalvorlagen kopieren, ausmalen und auf bunten Fotokarton kleben; für jede Tierart müssen 2 Karten vorhanden sein.

So geht's:
Jedes Kind zieht ein Kärtchen und schaut es sich an, zeigt es aber niemandem. Nach dem Startzeichen versuchen die jeweiligen Artgenossen, sich durch Tierlaute zu finden. Meinen zwei Tiere, sie hätten sich gefunden, zeigen sie sich ihre Karten. Sind es die gleichen, bleiben sie zusammen, wenn nicht, suchen sie weiter. Je mehr Mitspieler, desto lustiger ist das Spiel.
Achten Sie darauf, dass möglichst verschiedenartige Laute vorkommen.

Hier einige Vorschläge für die Auswahl der Tiere und ihre Laute:

Mäuse piepsen, Uhus rufen „hohu", Wölfe heulen, Bären brummen, Singvögel zwitschern ein Lied, Hirsche röhren, Wildschweine grunzen, Buntspechte rufen „kix", Dachse schreien ähnlich wie ein Kind, Frösche quaken, Schlangen zischeln, Mücken geben einen „sss"-Laut von sich …

4
Aus dem Leben der Tiere

Spielort: überall

Teilnehmerzahl: ab 3

Material: keines

So geht's:
Die Kinder werden in Schauspieler und Zuschauer aufgeteilt. Die Schauspieler wählen ein Tier und stellen es pantomimisch dar. Haben die Zuschauer es erraten, kommt die eigentliche Aufgabe: Die Schauspieler stellen gemeinsam einzelne Verhaltensweisen des Tieres dar. Die Zuschauer raten, was dieses Tier gerade macht.

Hier drei Beispiele für mögliche pantomimische Darstellungen:

→ **Fuchs:**
- Maus fangen
- Federn rupfen
- Feinde vertreiben
- Zwetschgen vom Baum reißen

→ **Braunbär:**
- Beeren zupfen
- Honig schlecken
- Kratzspuren hinterlassen
- Winterschlaf halten

→ **Ameise:**
- Nest bauen
- Eier transportieren
- Säure spritzen
- Blattläuse melken

Tipp: Die Kinder sollten die Lebensgewohnheiten der Tiere kennen, da das Raten sonst zu schwer wird. In den Steckbriefen und Bewegungsgeschichten finden Sie Anregungen.

Waldtier-Massagen

- → Grundlagen
- → Massagen zu zweit
- → Massagen für Dreier- bis Fünfergruppen

Waldtier-Massagen

Grundlagen

Massagen vorbereiten

Da nicht alle Kinder mit Massage vertraut sind, ist es zu Beginn sinnvoll, den Kindern die unten beschriebenen Massagetechniken zu zeigen. Hierfür legt sich ein freiwilliges Kind auf eine Matte oder Decke. Sie und die anderen Kinder setzen sich um das liegende Kind. Nun zeigen Sie die Berührungsmöglichkeiten und auch die Kinder probieren sie aus.

Das liegende Kind wird zwischendurch immer wieder gefragt, ob es ihm gefällt. In aller Regel wollen die meisten Kinder einmal in der Mitte liegen, sodass durchgewechselt wird.
Bei jüngeren Kindern ist es empfehlenswert, die Tiermassagen zuerst mit der ganzen Gruppe zu erproben. Erst wenn die Massagen den Kindern inhaltlich vertraut sind, sind sie in der Lage, selbstständig zu massieren. Natürlich sollten sich die Kinder regelmäßig abwechseln.

Massagetechniken

- **kneten**, d.h. die Muskeln mit den Fingern zusammenschieben
- **streichen**, mit der ganzen Handfläche, kräftig oder sanft
- **drücken**, z.B. mit Handfläche, Faust oder Daumen
- **zupfen**, mit Daumen und Zeigefinger oder mit allen Fingern
- **„laufen"**, mit allen Fingern wie mit Beinen in eine Richtung laufen
- **„hüpfen"**, dabei die Finger einer Hand auf- und abbewegen
- **klopfen**, mit der flachen Hand oder leicht mit der Faust
- **trommeln**, mit den Fingern der rechten und der linken Hand im Wechsel
- **kitzeln**, also sanft mit den Fingern über einen Körperteil fahren

Achtung: Achten Sie darauf, dass die Kinder keine Bewegungen machen, die anderen wehtun. Bei der Massage sollte der Wirbelsäulenbereich ausgespart bleiben.

Waldtier-Massagen

Massagen zu zweit

Tiere hinterlassen ihre Fußspuren

1

Massierter Körperteil: Rücken

Ausgangsposition: Kinder sitzen zu zweit hintereinander und blicken in die gleiche Richtung; das vordere Kind wird massiert.

Fragen Sie vor der eigentlichen Massage die Kinder, welche Waldtiere große, mittelgroße oder kleine Fußspuren hinterlassen.

Beispiele:

→ **Große Fußspuren:**
  Bär, Wildschwein, Luchs …

→ **Mittelgroße Fußspuren:**
  Eichhörnchen, Kaninchen, Fuchs …

→ **Kleine Fußspuren:**
  Vogel, Spinne, Käfer …

Der Masseur fragt das Kind vor ihm, welches Tier ihm über den Rücken laufen soll. Ist es ein großes Tier, benutzt der Masseur die flache Hand, bei einem mittelgroßen Tier die Faust und bei einem ganz kleinen Tier einen einzelnen Finger. Mit einer Drückbewegung macht er eine „Spur" auf dem Rücken.

Variante: Der Masseur denkt sich ein Tier aus und das andere Kind rät, welches Tier gerade den Rücken überquert. Als Hilfestellung erhält das ratende Kind drei Tiere zur Auswahl.

Kinder lernen Waldtiere kennen

Waldtier-Massagen

Massagen zu zweit

Der Bär ist erwacht

2

Massierte Körperteile: Rücken und Kopf

Ausgangsposition: Kinder sitzen zu zweit hintereinander und blicken in die gleiche Richtung; das vordere Kind wird massiert.

Text	Bewegungen
Der Bär ist endlich aufgewacht, schließlich ist es kurz vor acht.	→ Hände an die Schulter des vorderen Kindes, dessen Körper nach links und rechts schaukeln
Mit dem Schlafen ist jetzt Schluss,	→ Kopf vorsichtig nach rechts und links drehen
ganz schnell wandert er zum Fluss.	→ mit den Fingern über den Rücken laufen
Schwimmt und plantscht im Fluss recht munter,	→ über den Rücken streichen
rutscht auch mal den Fels herunter.	→ vom Kopf zum Po nach unten streichen
Schnappt sich Fische hier und dort,	→ mit allen Fingern zupfen
verspeist sie noch an diesem Ort.	→ mit den Händen die Schultern kneten
Ein alter Baum ist umgefallen,	→ Kind leicht zur Seite neigen
an dem schärft sich der Bär die Krallen.	→ über den Rücken kratzen
Satt und müd' geht er nach Haus,	→ Finger laufen langsam über den Rücken
und jetzt ist die Geschichte aus.	→ Hände an die Schultern, vorderes Kind zu sich heranziehen

Waldtier-Massagen

Massagen zu zweit

Das Eichhörnchen baut seinen Kobel

3

Massierte Körperteile: Arme, Hände, Schultern

Ausgangsposition: In Zweier- oder Dreiergruppen durchführbar. Ein Kind liegt auf dem Rücken oder sitzt am Boden; der Masseur kniet neben einem Arm; bei 2 Masseuren behandelt jeder Masseur einen Arm.

Text	Bewegungen
Wie jeden Morgen hüpft das Eichhörnchen durch den Wald.	→ kreuz und quer mit dem Finger über den Körper hüpfen
Plötzlich entdeckt es eine schöne alte Eiche.	→ mehrmals über den Arm streichen
Es rennt die Eiche hinauf und hinunter,	→ mit den Fingern am Arm auf- und ablaufen
dann springt es von Ast zu Ast. Hier ist es so schön, dass sich das Eichhörnchen ein Nest bauen möchte.	→ mit den Fingern über die Schultern hüpfen
Es läuft zur Erde	→ mit den Fingern zur Hand laufen
und sammelt dort Zweige,	→ mit Daumen und Zeigefinger an der Hand zupfen
dann rennt es wieder hoch	→ Arm hochlaufen
und stopft die Zweige zwischen eine Astgabel.	→ mit der Hand mehrmals die Schulter drücken
Nun muss das Nest noch von innen ausgepolstert werden. Das Eichhörnchen sucht nach Gräsern, Moos und Federn.	→ an anderen Stellen des Körpers zupfen
Es rennt den Baumstamm hoch und polstert sein Nest.	→ Arm hochlaufen und die Hand an die Schulter drücken
Jetzt ist das Nest fertig. Das Eichhörnchen kuschelt sich in seinen Kobel und schläft ein.	→ Der Masseur legt seinen Kopf auf die Brust des Kindes und gibt Schnarchgeräusche von sich.

Tipp: *Das Sammeln von Zweigen, Gräsern usw. können Sie beliebig oft wiederholen lassen.*

Waldtier-Massagen

Massagen zu zweit

4 Wir beobachten Tiere im Wald

Massierte Körperteile: gesamter Körper

Ausgangsposition: Ein Kind liegt auf dem Bauch, das andere kniet daneben.

Text	Bewegungen
Es ist früh am Morgen. Das Zwitschern der Vögel hat uns aufgeweckt. Wo sind wir denn eigentlich? Jetzt fällt es uns wieder ein: Wir haben die Nacht im Wald verbracht. Noch ein bisschen müde kriechen wir aus unseren Schlafsäcken. Ob wir ein paar Tiere sehen?	
Als Erstes entdecken wir einige Ameisen.	→ mit den Fingern schnell über den Körper laufen;
Jetzt krabbeln sie zum Hals und ins Gesicht! Wie das kitzelt!	→ am Hals und im Gesicht sanft kitzeln
Als Nächstes sehen wir einen Hirschkäfer. Er drückt einen Gegner vom Ast.	→ an unterschiedlichen Stellen des Körpers drücken
Oh, eine Spinne! Sie krabbelt im Kreis und spinnt sich ein Spinnennetz. Das Netz ist erst ganz klein, dann wird es immer größer.	→ den Finger in immer größer werdenden Kreisen über den Rücken ziehen
Wir trauen unseren Augen nicht. Dort drüben wälzt sich ein Wildschwein im Schlamm.	→ Körper hin- und herschaukeln
Dort seht! Ein Eichhörnchen hüpft von Baum zu Baum.	→ über den Rücken hüpfen
Achtung, wir hören ein Rascheln! Eine Waldmaus trippelt über den Waldboden.	→ kreuz und quer laufen
Allmählich fallen uns die Augen zu. Wir träumen von Wölfen, wie sie ihre Beute packen.	→ mit beiden Händen die Muskeln kneten
Hups! Jetzt sind wir wieder aufgewacht. Wir pflücken uns ein paar Beeren.	→ zupfen
Dann waschen wir uns im Bach das Gesicht. Nächsten Sommer werden wir wieder eine Nacht im Wald verbringen.	→ mit der flachen Hand über den Rücken rubbeln

Kinder lernen Waldtiere kennen

Waldtier-Massagen

Massagen für Dreier- bis Fünfergruppen

Luchs im Sturm

1

Massierte Körperteile: gesamter Körper

Ausgangsposition: Vier Kinder stellen das Gewitter dar. Sie stehen in einem engen Kreis um ein ebenfalls stehendes Kind, den Luchs.

Text	Bewegungen
Ein Luchs liegt satt und zufrieden auf einem Ast und schläft. Plötzlich ziehen dunkle Wolken auf, und im Wald wird es ganz finster. Es beginnt zu regnen.	→ Die Kinder trommeln mit ihren Fingern von Kopf bis Fuß über den Körper des Luchses.
Ein starker Wind kommt auf.	→ Die Kinder schieben den Luchs von sich weg und fangen ihn wieder auf. Hier ist ein enger Kreis wichtig, damit der Luchs nicht umfällt.
Nun fängt es auch noch an, zu hageln.	→ Die Kinder hüpfen mit den Fingern über den gesamten Körper des Luchses.
Donnerschläge durchdringen den Wald.	→ Die Kinder klopfen mit flachen Händen nicht zu fest auf den gesamten Körper des Luchses und rufen „bumm".
Der Sturm ist zu Ende. Wie ist es eigentlich dem Luchs ergangen? Hat ihn das Gewitter gar nicht gestört? Vielleicht hat es ihm sogar gefallen? Am besten, wir fragen ihn selbst.	

Kinder lernen Waldtiere kennen

Waldtier-Massagen
Massagen für Dreier- bis Fünfergruppen

Der kranke Käfer

Massierte Körperteile: gesamter Körper

Ausgangsposition: Lassen Sie die Kinder Fünfergruppen bilden und je einen Käfer bestimmen. Der Käfer liegt auf dem Rücken; 4 weitere Kinder knien seitlich davon und sitzen sich gegenüber.

Text	Bewegungen
Wir gehen im Wald spazieren. Plötzlich entdecken wir einen Käfer, der auf dem Rücken liegt.	
Was ist los mit dir, Käfer? Sag doch mal was! Lebst du überhaupt noch?	→ *Körper abtasten, leicht schütteln, an Wange klopfen*
Wir untersuchen seine Beine. Er bleibt regungslos liegen.	→ *Arme und Beine heben und in beide Richtungen kreisen*
Wir bringen ihn zum Tierarzt.	→ *Käfer an Armen und Beinen vorsichtig anheben, wieder absenken und ihn sanft auf den Bauch drehen*
Der Tierarzt untersucht den Käfer: Er streicht über die Flügeldecken und seine Beine, dann tastet er den Käfer ab.	→ *über den Körper streichen; mit den Händen überall drücken*
Sanft schaukelt er ihn hin und her. Zum Abschluss gibt er dem Käfer eine Kräutermedizin.	→ *Hände auf Rücken und Beine des Käfers legen und den Käfer sanft schaukeln; Hände zum Mund des Käfers führen*
Hurra! Ein Wunder ist geschehen! Der Käfer bewegt sich und kann sogar wieder krabbeln. Zum Abschied winkt er mit seinen Fühlern und bedankt sich für die Behandlung.	→ *Käfer richtet sich auf, krabbelt, winkt dabei mit einer Hand und bedankt sich bei den Kindern*

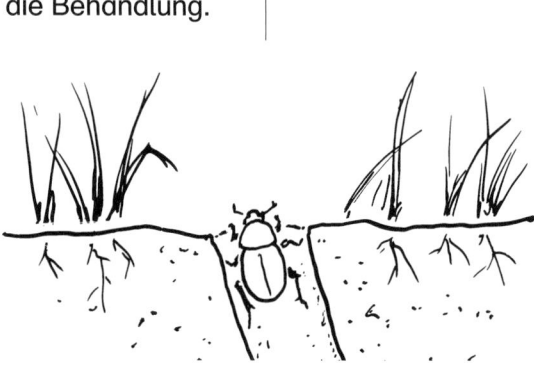

Waldtier-Massagen

Massagen für Dreier- bis Fünfergruppen

Dachse graben einen Bau

3

Massierte Körperteile: Beine und Füße

Ausgangsposition: Die Kinder bilden Dreiergruppen. Ein Kind liegt auf dem Rücken, die beiden anderen knien jeweils zu seinen Füßen.

Text	Bewegungen
Döcks und Dicks, zwei Dachsmännchen, wurden von ihren Eltern vertrieben. Nur die Dachsweibchen durften bei den Eltern bleiben. Nun müssen sich die Dachsmännchen einen neuen Bau anlegen.	
Unter einer schönen großen Baumwurzel fangen sie an, zu graben. Sie graben und graben und graben …	→ *von Oberschenkel bis Fußspitze streichen*
Jetzt ruhen sie sich aus und holen sich mit ihren Krallen einige Regenwürmer aus der Erde.	→ *an den Zehen zupfen*
Dann graben sie wieder weiter. Jeder gräbt sich seinen eigenen Eingang.	→ *wieder von Oberschenkel bis Fußspitze streichen*
Nun testet Döcks, ob der Gang schon breit genug ist. Er zwängt sich hinein: hau-ruck, hau-ruck … Nein, leider zu eng. Er muss noch mal graben.	→ *mit den Händen kräftig Bein nach oben streichen, dabei immer wieder ruckartig stoppen; wieder gleichmäßig nach unten streichen*
Nun testet Dicks, ob der Gang breit genug ist. Hau-ruck, hau-ruck … Nein, auch zu eng. Dicks muss auch noch mal graben.	→ *wie vorher*
Jetzt probieren sie es beide noch mal: Hau-ruck, hau-ruck … Hurra! Die Gänge sind breit genug. Endlich können die beiden Dachse einziehen.	→ *wie oben; am Ende mit den Fingern die Beine hochlaufen*

Kinder lernen Waldtiere kennen

Waldtier-Massagen

Massagen für Dreier- bis Fünfergruppen

Hört ihr das Klopfen des Spechtes?

Massierter Körperteil: Rücken

Ausgangsposition: Alle Kinder sitzen dicht hintereinander im Kreis und schauen in die gleiche Richtung; bei wenigen Kindern werden Zweiergruppen gebildet; das jeweils vordere Kind wird massiert.

Text	Bewegungen
Ein Specht fliegt durch den Wald.	→ *seitliche Flugbewegung mit den Armen (jeder für sich)*
Er sucht eine Spechtfrau und trommelt gegen den Ast. Erst langsam, dann immer schneller.	→ *auf den Rücken trommeln, erst langsam, dann schneller werden*
Sieh da, ein Spechtweibchen kommt angeflogen.	→ *Flugbewegungen wie oben*
Das Männchen pickt einige Larven aus dem Holz und schenkt sie dem Weibchen.	→ *mit den Fingern am Rücken zupfen; Finger zum Mund des vorne sitzenden Kindes führen, schmatzen*
Die Spechte beginnen eine Höhle für den Nachwuchs zu zimmern. Tock, tock, tock.	→ *auf den Rücken trommeln*
Endlich ist sie fertig. Erschöpft legen sie sich in ihre Baumhöhle.	→ *Kinder lassen sich seitlich fallen*

Anhang

→ Farbige Bildkarten
→ Biografien und Danksagung
→ Lösungen
→ Literatur- und Internettipps

Kinder lernen Waldtiere kennen

Waldameise

Braunbär

Buntspecht

Dachs

Eichhörnchen

Eule

Fledermaus

Fuchs

Biografien

Zur Autorin

Heike Jung wurde 1966 in Fürth geboren, ist seit 1992 verheiratet und hat zwei schulpflichtige Kinder.

Nach dem Abitur und einem sechsmonatigen Auslandsaufenthalt in den USA und Costa Rica hat sie an der Fachhochschule Sozialwissenschaften, Wirtschaft und Recht studiert und im Anschluss für die Deutsche Telekom gearbeitet.

Durch die eigenen Kinder inspiriert, erwarb sie ihren Übungsleiterschein beim Bayerischen Landessportverband und besuchte verschiedene andere Fortbildungen im Bereich der Bewegungserziehung. Seit über 10 Jahren ist sie Dozentin an der Volkshochschule Fürth für „Eltern- und Kind-Turnen".

Zwei Jahre betreute Heike Jung eine Kinderwaldgruppe des Bundes Naturschutz in Fürth. Der Wald als kreatives Betätigungsfeld begeisterte Heike Jung so sehr, dass sie sich entschloss, weitere Kurse im Wald auch für jüngere Kinder anzubieten.

Seit 2003 leitet sie den VHS-Kurs „Die Waldmäuse: Kindgerechte Spiele und Aktivitäten im Wald für Kinder im Vorschulalter". Mehrmals jährlich organisiert sie Walderlebnisausflüge für Familien und Kindergärten.

Als Naturliebhaberin hat Heike Jung im Wald ein ideales Aufgabengebiet gefunden, in dem sie ihre vielfältigen kreativen Fähigkeiten bestens verwirklichen kann.

Danksagung

Ich bedanke mich herzlich bei

- Jutta Gietl-Wilde, der Leiterin der Kindertagesstätte „Villa Kunterbunt" in Fürth, und bei ihrem Team für die praktische Erprobung des Konzepts
- Dipl.-Biologin Katharina Michielin und Stadtförster Martin Straußberger für die Durchsicht der Tiersteckbriefe
- Birgit Arnold, Gudrun Kirschner-Fleischmann, Dr. Petra Bühler, Beatrice Höfler und Carola Gebhardt für hilfreiche Anregungen
- Eva Garcia-Jung, Hannelore Schindelek, Günter Klose und Jörg Müller für Hilfestellungen am Computer
- sowie meiner Familie für ihr Verständnis

Zum Illustrator

Thomas Hermann hat seit seiner Kindheit großes Interesse an der Tierwelt, vor allem an Vögeln. Bereits als Schüler malte und zeichnete er Tiere für Bücher, Postkarten und Kalender. Seit dieser Zeit engagiert er sich auch für den Naturschutz. Nach jahrelanger Tätigkeit als Psychologe in einem Kinderkrankenhaus arbeitet Thomas Hermann heute in eigener Praxis als Psychotherapeut.

Lösungen

Bilderquiz-Seiten

→ **Ameise, S. 16/17:**
1a | 2a | 3a | 4b

→ **Braunbär, S. 24/25:**
1b | 2a | 3b | 4a

→ **Buntspecht, S. 32/33:**
1b | 2a | 3a | 4a

→ **Dachs, S. 40/41:**
1a | 2b | 3b | 4a

→ **Eichhörnchen, S. 48/49:**
1b | 2a | 3a | 4a

→ **Eule (Uhu), S. 56/57:**
1a | 2b | 3b | 4b

→ **Fledermaus, S. 64/65:**
1a | 2b | 3b | 4b

→ **Fuchs, S. 72/73:**
1a | 2b | 3b | 4a

→ **Käfer (Wald-Mistkäfer), S. 80/81:**
1a | 2b | 3a | 4b

→ **Luchs, S. 88/89:**
1b | 2a | 3b | 4a

→ **Reh, S. 96/97:**
1a | 2b | 3a | 4a

→ **Rothirsch, S. 104/105:**
1b | 2a | 3b | 4a

→ **Waldmaus, S. 112/113:**
1b | 2b | 3a | 4a

→ **Wildschwein, S. 120/121:**
1a | 2b | 3a | 4a

→ **Wolf, S. 128/129:**
1b | 2a | 3a | 4a

Textquiz-Seiten

→ **Ameise, S. 18:**
1b | 2c | 3b | 4a, b | 5a, b | 6a | 7b, c

→ **Braunbär, S. 26:**
1b, c | 2a | 3a | 4a, c | 5a, b | 6b | 7a, c

→ **Buntspecht, S. 34:**
1a, c | 2b | 3c | 4b | 5a | 6b | 7c

→ **Dachs, S. 42:**
1b | 2a, b | 3a | 4b | 5a | 6c | 7c

→ **Eichhörnchen, S. 50:**
1b | 2a | 3c | 4a, b | 5a, c | 6b | 7b

→ **Eule (Uhu), S. 58:**
1a, c | 2a | 3b | 4a | 5 zuerst b, dann a, dann c | 6b, c | 7b, c

→ **Fledermaus, S. 66:**
1b | 2c | 3a | 4b | 5a | 6b | 7a, b

→ **Fuchs, S. 74:**
1b | 2a, c | 3c | 4b, c | 5b | 6a | 7c

→ **Käfer (Wald-Mistkäfer), S. 82:**
1b | 2c | 3b | 4c | 5b | 6b | 7a, c

→ **Luchs, S. 90:**
1a, b | 2c | 3a, c | 4b | 5a | 6a | 7b

→ **Reh, S. 98:**
1b, c | 2b | 3c | 4b, c | 5b | 6b | 7a

→ **Rothirsch, S. 106:**
1a, b | 2a | 3a, c | 4b, c | 5b | 6a | 7b

→ **Waldmaus, S. 114:**
1b | 2a | 3b, c | 4b | 5a | 6a, c | 7a, c

→ **Wildschwein, S. 122:**
1b | 2b | 3a | 4c | 5b | 6b, c | 7c

→ **Wolf, S. 130:**
1c | 2b | 3c | 4a | 5b | 6a | 7b

Notizen